Oldenbourg Interpretation
Band 20

Oldenbourg Interpretationen
Herausgegeben von
Klaus-Michael Bogdal und Clemens Kammler

begründet von
Rupert Hirschenauer (†) und Albrecht Weber

Band 20

Heinar Kipphardt
In der Sache J. Robert Oppenheimer

Interpretation von
Ferdinand Fasse

Oldenbourg

Die Seitenangaben in Klammern beziehen sich auf folgende Ausgabe:
Heinar Kipphardt: In der Sache J. Robert Oppenheimer. Frankfurt a. M. 1964
(edition suhrkamp 64)
Bei mehreren Zitaten von derselben Seite erscheint die Seitenzahl erst nach
dem letzten Zitat.

Zitate sind halbfett gekennzeichnet.

Die Deutsche Bibliothek – CIP-Einheitsaufnahme

Fasse, Ferdinand:
Heinar Kipphardt, In der Sache J. Robert Oppenheimer:
Interpretation / von Ferdinand Fasse. – 2., überarb. Aufl. –
München: Oldenbourg, 2000
  (Oldenbourg-Interpretationen; Bd. 20)
  ISBN 3-486-01420-X

© 1988 Oldenbourg Schulbuchverlag GmbH, München
www.oldenbourg-schulbuchverlag.de

Das Werk und seine Teile sind urheberrechtlich geschützt. Jede Verwertung in
anderen als den gesetzlich zugelassenen Fällen bedarf deshalb der vorherigen
schriftlichen Einwilligung des Verlags.

Bei Zitaten, Literaturangaben und Materialien im Anhang ist die neue
Rechtschreibung noch nicht berücksichtigt.

2., überarbeitete Auflage 2000 RE
Nachdruck   04   03   02   01   00
Die letzte Zahl bezeichnet das Jahr des Drucks.

Umschlagkonzept: Mendell & Oberer, München
Typografisches Gesamtkonzept: Gorbach GmbH, Buchendorf
Lektorat: Ruth Bornefeld
Herstellung: Almut Richter
Satz: Typosatz Ullrich, Nördlingen
Druck: Druckerei Appl, Wemding

ISBN: 3-486-**01420**-X

Inhalt

Vorwort *7*

1 Einführung *8*

2 Zum dokumentarischen Theater *10*

3 Der historische Hintergrund *17*
3.1 Tabellarischer Überblick *17*
3.2 Gesamteinschätzung der geschichtlichen Phase *26*

4 Das Stück *28*
4.1 Der Inhalt *28*
4.2 Strukturelemente des Stückes *38*
4.2.1 Szenen und Zwischenszenen *39*
4.2.2 Die Figur Rabis *42*
4.2.3 Textprojektionen und Lautsprechermitteilungen *43*
4.2.4 ›Protokoll‹ und ›Kreuzverhör‹ *44*
4.3 Die polare Figurenkonstellation *44*
4.4 Die Figur Oppenheimers *47*
4.4.1 Fremdcharakterisierung *47*
4.4.2 Selbstdarstellung und Kontrastfiguren *48*
4.5 Gesamteinschätzung der Figurenkonstellation *51*
4.6 Die Sprache des Stückes *52*
4.6.1 Übersetzungsbedingte Unebenheiten *52*
4.6.2 Unpersönlich-dokumentarische Sprache *53*
4.6.3 Präzise, technische Faktensprache *53*
4.6.4 Euphemismen *54*
4.6.5 Sprachbilder *55*
4.6.6 Zusammenfassung *57*

5 ›Kern und Sinn‹: Die Problematik des Stückes *58*

Unterrichtshilfen
1 Unterrichtsreihen *60*
2 Unterrichtssequenz *61*
3 Klausurvorschläge *70*
4 Materialien *71*

Anhang
Anmerkungen *79*
Literaturverzeichnis *81*
Zeittafel zu Leben und Werk *86*

Vorwort

In steter Regelmäßigkeit erinnern die Medien alljährlich an die Jahrestage der ersten Atombombenabwürfe auf Hiroshima bzw. Nagasaki und rücken sie damit erneut in das Bewusstsein der Öffentlichkeit. Viel gegenwärtiger ist die unmittelbare Atomdiskussion durch die Debatten um das Für und Wider hinsichtlich der Kernenergie bzw. durch die permanente Diskussion um ›Castor‹-Transporte, atomare Endlager und den ›atomaren Ausstieg‹. Die Debatten um die zivile Nutzung der Kernenergie haben am Ende der Neunzigerjahre des 20. Jahrhunderts den öffentlichen Diskurs über atomare Abrüstung in den Hintergrund treten lassen. Weniger bekannt sind dagegen sicherlich die Wurzeln der Atomproblematik, ihre theoretischen Grundlegungen und die ersten Kernexperimente, einschließlich der ersten Explosionen.

Julius Robert Oppenheimer wird unter den vielen Wissenschaftlern, die das atomare Zeitalter eröffneten, oft als ›Vater‹ der Atombombe bezeichnet. HEINAR KIPPHARDTS Dokumentarstück IN DER SACHE J. ROBERT OPPENHEIMER hat diese Figur nicht nur wieder bekannt gemacht, sondern auch die grundsätzlichen Probleme, denen ein Mensch im Dienste der Wissenschaft – zumal der Kernphysik – begegnen kann, thematisiert.

Dieser Interpretationsband möchte helfen, KIPPHARDTS Stück verstehbar zu machen, indem er Hintergrundinformationen zu seinem Genre, dem dokumentarischen Theater, bereitstellt, indem er seinen geschichtlichen Hintergrund erhellt und indem er wesentliche Aspekte des Dramas selbst transparenter macht. Letzteres betrifft Form und Gehalt, Struktur und Thematik. Die vorliegende Neuauflage berücksichtigt veränderte Rahmenbedingungen des Deutschunterrichts wie fächerübergreifendes Arbeiten, Projektarbeit oder Öffnung von Schule durch entsprechende Hinweise im Rahmen der Unterrichtshilfen und durch Anregungen im aktualisierten Literaturverzeichnis. Aus der konkreten Unterrichtsarbeit an der Privaten Bischöflichen Fürstenberg-Schule in Recke (Westfalen) habe ich viele didaktische Anregungen gewinnen können. Insofern muss ich vielen Schülerinnen und Schülern für geduldige Mitarbeit und hilfreiche Kritik danken.

Wallenhorst, im August 1999

Ferdinand Fasse

1 Einführung

HEINAR KIPPHARDTS *IN DER SACHE J. ROBERT OPPENHEIMER* ist auf den ersten Blick eine spröde Textvorlage, deren Einordnung in den Kanon dramatischer Texte noch immer mit Schwierigkeiten verbunden ist. Der nüchterne Titel verrät durch seine Juristendiktion bereits den Tribunalcharakter als Tenor des Stückes. Dies ist allerdings eine Vorgabe, die aufseiten der Rezipienten zu Reserviertheit und Argwohn führen kann, ob denn wohl ein Stoff aus einer Gerichtsverhandlung sich für ein Theaterstück eignen könne. Skeptiker sehen sich nach der Lektüre teilweise bestätigt, können aber auch nicht die Nachbemerkung des Autors HEINAR KIPPHARDT ignorieren, der dort ausdrücklich feststellt:

> *IN DER SACHE J. ROBERT OPPENHEIMER* ist ein Theaterstück, keine Montage von dokumentarischem Material. Der Verfasser sieht sich jedoch ausdrücklich an die Tatsachen gebunden, die aus den Dokumenten und Berichten zur Sache hervorgehen.
> Seine hauptsächliche Quelle ist das 3000 Maschinenseiten umfassende Protokoll des Untersuchungsverfahrens gegen J. Robert Oppenheimer, das von der Atomenergiekommission der Vereinigten Staaten im Mai 1954 veröffentlicht wurde.
> Es ist die Absicht des Verfassers, ein abgekürztes Bild des Verfahrens zu liefern, das szenisch darstellbar ist und das die Wahrheit nicht beschädigt. Da sein Geschäft die Bühne, nicht die Geschichtsschreibung ist, versucht er nach dem Ratschlag des Hegel, den ›Kern und Sinn‹ einer historischen Begebenheit aus den ›umherspielenden Zufälligkeiten und gleichgültigen Beiwerken des Geschehens‹ freizulegen [...][1]

Diese Ausführungen verdeutlichen das hermeneutische Problem des Stückes, das aus der offensichtlich vorliegenden Dichotomie Fakten – Theater herrührt. Mit dieser Dichotomie stellt sich die Frage nach der Ästhetisierbarkeit der potenziellen Selbstvernichtung des Homo sapiens durch die Atombombe, deren Geschichte mittlerweile schon ein halbes Jahrhundert umfasst.

Eine Interpretation des Oppenheimer-Stückes von HEINAR KIPPHARDT muss Überlegungen dieser Art berücksichtigen. Sie kann weder rein werkimmanent ansetzen, noch darf sie Kipphardts Text einfach als Extrakt aus einer sich seit nunmehr über 50 Jahren anbahnenden Apokalypse auffassen. Gerade aber der letzte Aspekt ist ein wesentliches Dilemma: Die zitierten Ausführungen KIPPHARDTS zeigen, dass der Autor sich ausdrücklich den **Dokumenten und Berichten zur Sache** verpflichtet weiß, und dies ist auch im Stück deutlich sichtbar gemacht. Die in der Nachbemerkung anschließenden Erläuterungen hinsichtlich ›Auswahl‹, ›Anordnung‹, ›Formulierung‹ und ›Konzentration des Stoffes‹ sowie die bis ins Detail gehenden Rechtfertigungen von **Freiheiten, die sich der Verfasser nahm**[2], haben deutlich apologetischen Charakter. Allerdings scheint die Rechtfertigung nicht vor dem Maßstab einer eher literaturimmanenten Ästhetik stattzufinden, sondern an der Elle historisch verbriefter Wahrheit und Glaubwürdigkeit.

Das Anliegen dieses Interpretationsbandes ist, KIPPHARDTS Oppenheimer-Stück als ein repräsentatives Beispiel des dokumentarischen Theaters begreifbar zu machen, wenngleich der Autor selbst diese Zuordnung ablehnte. Dazu gehören Überlegungen zur Textstruktur ebenso wie grundsätzliche Thesen zu diesem relativ jungen Genre. Ferner ist es unabdingbar, den Inhalt des Stückes transparenter zu machen, da es sich hier um eine Geschichtsphase handelt, die nicht nur brisant, sondern auch komplex und – angesichts der neuen Techniken, um die es geht – durchaus kompliziert ist.

2 Zum dokumentarischen Theater

HEINAR KIPPHARDTS Kredo an eine an Dokumente und Berichte sich anlehnende Wahrheit ist ein Bekenntnis zum so genannten dokumentarischen Theater. Diese Form des Theaterspielens nahm ihren Ausgang bei ERWIN PISCATOR und fand in ROLF HOCHHUTHS Stück DER STELLVERTRETER ihr erstes Paradigma. PISCATORS Würdigung des HOCHHUTH-Dramas kennzeichnet nicht nur das Anliegen dieses Stückes, sondern illustriert das Selbstverständnis des dokumentarischen Theaters schlechthin:

> Gerade aber die Überwindung des ›Novellistischen‹, des Unerhörten, Einmaligen, des ›Sonderfalls‹ ist Hochhuths große Leistung. Sein Stück zielt nicht auf das ›Interessante‹, auf die Pointe, auf den *plot* […], es zielt vielmehr auf eine objektivierende, die Totalität menschlichen Verhaltens untersuchende Geschichts-, nicht Geschichten-Schreibung. Hochhuth breitet wissenschaftlich erarbeitetes Material künstlerisch formuliert aus, er ordnet, er gliedert sein Material mit den Mitteln eines – ich sage das mit vollem Bewußtsein – bedeutenden Dramatikers.[3]

Wenn PISCATOR weiterhin formuliert: *Dieses Stückes wegen lohnt es sich, Theater zu machen; mit diesem Stück fällt dem Theater wieder eine Aufgabe zu, erhält es Wert und wird notwendig*[4], so zeigt sich in seinem Enthusiasmus die Einschätzung, dass HOCHHUTHS STELLVERTRETER einen neuen Abschnitt in der deutschen Theatergeschichte markiert. Zusammenfassend stellte PISCATOR fest: *Ein episches Stück, episch-wissenschaftlich, episch-dokumentarisch; ein Stück für ein episches, ›politisches‹ Theater, für das ich seit mehr als dreißig Jahren kämpfte* […][5]

PISCATOR prägt hier einen Begriff, der mittlerweile einen festen Platz im Vokabular von Germanistik und Theaterwissenschaft gefunden hat: Die Bezeichnung des Stückes als ›episch-dokumentarisch‹ nimmt Bezug auf die Apostrophierung SCHILLERS als Epiker, das heißt als Historiker, macht aber gleichzeitig auch die BRECHT-Tradition bewusst. Dass mittlerweile aus sprachökonomischen Gründen die erste Komponente in der neuen Gattungsbezeichnung weggefallen ist, zeigt, dass das epische Moment offenbar nicht überall als konstitutiv für das dokumentarische Theater angesehen werden kann. Entscheidend ist letztlich das, was sich auch in KIPPHARDTS Nachwort zu seinem OPPENHEIMER findet: die größtmögliche Glaubwürdigkeit und Authentizität durch Dokumente.

Dokumentarisches Theater – wie dokumentarische Literatur allgemein – will in erster Linie gesellschaftskritisch und politisch wirken und knüpft damit bewusst an BRECHTS Theaterauffassung an. In der Tat haben einige Stücke der Gattung ›dokumentarisches Theater‹ unübersehbare Wirkung gezeigt. HOCHHUTHS erstes Stück, DER STELLVERTRETER, wie auch das nächste, DIE SOLDATEN, verursachten lang anhaltende Dispute und zum Teil scharfe Auseinandersetzungen. Auch KIPPHARDTS OPPENHEIMER fand seine Wirkung, wie noch zu erläutern sein wird.

Einerseits scheinen also die Produkte des dokumentarischen Theaters in ihrer Rezeption die Berechtigung der Anliegen ihrer Autoren zu bestätigen. Andererseits darf aber nicht übersehen werden, dass die Dokumentarstücke zunächst einmal als Fremdkörper in die Dramentradition und ins Theaterleben eindrangen, obwohl BERTOLT BRECHT ihnen sicherlich den Weg bereitet hat.

Selbst MAX FRISCH, mit BRECHTS nichtaristotelischen Lehrstücken wohl vertraut, meldete deutliche Skepsis an. In seiner Schillerpreis-Rede merkte er im Jahr 1965 zum dokumentarischen Theater an:

> Auch der Versuch, die theatralische Vision zu ersetzen durch Dokumente, die eben dadurch, daß sie von einem Darsteller gespielt werden, ihre Authentizität und damit ihren einzigen Wert verspielen, auch dieser Versuch kann eine Wohltat sein: er wird uns zeigen, was das Theater nicht vermag.[6]

THEODOR W. ADORNO geht bei seiner Beurteilung der Beziehung zwischen Kunst und Sachlichkeit noch weiter, wenn er lapidar feststellt:

> Bis zum bitteren Ende gedacht, wendet jedoch Sachlichkeit sich zum barbarisch Vorkünstlerischen. [...] Das Barbarische ist das Buchstäbliche. Gänzlich versachlicht wird das Kunstwerk, kraft seiner puren Gesetzmäßigkeit, zum bloßen Faktum und damit als Kunst abgeschafft. Die Alternative, die in der Krisis sich eröffnet, ist die, entweder aus der Kunst herauszufallen oder deren eigenen Begriff zu verändern.[7]

Das Dokument, das Authentische, das Sachliche, darin sind sich FRISCH und ADORNO einig, ist die Opposition des Literarisch-Künstlerischen. Nach FRISCH bedeutet der Versuch, Dokumente und ›Fakten‹ auf das Theater zu bringen, sowohl das Ende des Theaters als auch das Ende des Authentizitätswerts der Dokumente: Einerseits zerstört nämlich das Theater seinen Spiel- und damit seinen Kunstcharakter, indem es seiner Freiheit die Verpflichtung zum Dokument und damit zur Wahrheit entgegensetzt. Andererseits verliert aber das Dokument dadurch, dass es im Theaterspiel wiederholt und damit gedoppelt wird, seine Glaubwürdigkeit. Der Anspruch auf die *eine*, ungeteilte Wahrheit ist der Anspruch des Dokuments auf Authentizität, der ihm durch sein Gespieltwerden verloren geht.

Für ADORNO führt die Verpflichtung zum Authentischen, Sachlichen unweigerlich zum Buchstäblichen und damit zum Vorkünstlerischen.

Das Kunstwerk wird selbst zum Faktum und löst sich als Kunstwerk selbst auf.

FRISCH wie auch ADORNO gehen bei den oben zitierten Äußerungen zum dokumentarischen Theater von einem Faktenbegriff aus, der in der vermuteten Reinheit gar nicht existiert und den auch die zeitgenössische Geschichtswissenschaft kaum reklamieren würde.[8]

Gleichwohl darf man beider Bedenken nicht beiseite schieben, denn schließlich suggerieren das Selbstverständnis KIPPHARDTS, WEISS' und HOCHHUTHS sowie anderer Vertreter des dokumentarischen Theaters die Existenz verlässlicher Fakten. Noch deutlicher als bei den genannten Dramatikern wird dies wohl noch im neuen Gattungsbegriff *Faction-Prosa*, der eine Gattung von Texten bezeichnet, die sich in den USA entwickelte. Diese Art Prosa versteht sich als solche, die nichtfiktives, auf Tatsachen beruhendes und zu dokumentarischer Darstellung tendierendes Erzählen zum Ziel hat.[9]

Um das dokumentarische Theater und seine Zielsetzungen besser verstehen zu können, muss man deutlich betonen, dass dessen übertriebene Reklamierung historischer Wahrheit von falschen Voraussetzungen ausgeht. Der Dramatiker kann das Theater nicht einfach zur Schulklasse umfunktionieren, wie der berühmte englische Theatermann Peter Brook deutlich betont: **The theatre is not the classroom.**[10]

Der Dramatiker muss wissen, dass selbst, wenn er den Authentizitätsanspruch seines Stückes nur mit Einschränkungen reklamieren mag, sein Stück aber doch zum Lehrstück im wahrsten Sinne des Wortes geraten kann. Damit verkümmert das Bühnenwerk zur reinen Informationsquelle, zur Fundgrube für historisches Faktenwissen. Gerade hierin liegt die Gefahr des Dokumentarstückes: dass der Theaterbesucher zum puren Informationskonsumenten degeneriert. Helmut Arntzen schreibt zu diesem Problem: **Der informierte Mensch ist der mit Zeitungsphrasen vollgestopfte Zeitgenosse, der empfindungs-, phantasie- und reflexionslos entweder zum passiven Informationskonsumenten oder zum aggressiven Informationsbesessenen wird.**[11]

Die Anmerkungen Bernd W. Seilers[12] zum dokumentarischen Theater verdeutlichen, dass dieser Befund Arntzens sich auch in der Rezeption von Dokumentarstücken wiederfinden lässt. Mit der Überprüfung von altem oder der Aufnahme von neuem Wissen war das Interesse an vielen Geschichtsdramen oft schon erschöpft. Es hat sich vielfach gezeigt, dass Betroffenheit über das Grauen der Vergangenheit nicht einfach mit Dokumenten und Fakten zu erzeugen ist. Andererseits wäre es in den meisten Fällen nicht angebracht, einer falschen Ästhetisierung das Wort zu reden. Das Adorno-Diktum, **nach Auschwitz ein Gedicht zu schreiben ist bar-**

barisch[13], findet sicherlich nicht nur im Zusammenhang mit Auschwitz, sondern auch mit Blick auf Hiroshima, Nagasaki und Tschernobyl seinen Sinn. Gerade im Kontext von Auschwitz, Hiroshima und Nagasaki zeigt sich einerseits das Dilemma der Schriftsteller, die dem noch nicht da gewesenen, unvorstellbaren Grauen nur mit noch nicht da gewesenen neuen literarischen Mitteln glaubten beikommen zu können. Andererseits manifestiert sich hier das Bild eines Literatur- und Theaterrezipienten, dem die unerhörten, bislang nicht da gewesenen Themen aber doch mit neuen, zumindest vor dem Zweiten Weltkrieg in diesem Rahmen noch nicht da gewesenen Medien vielfach vermittelt worden sind. Die neuen Medien haben gerade durch den Einsatz von ›Dokumentarmaterial‹ den ›informierten Menschen‹ im Sinne Arntzens geschaffen und damit auch für die Literatur- und Theaterrezeption ganz neue Verstehenshorizonte angelegt. Durch das Aufkommen und die zunehmende Verbreitung von Film, Fernsehen und anderer Medien wurden Prämissen gesetzt, denen sich Dramatiker wie HEINAR KIPPHARDT im Medium des dokumentarischen Theaters stellten, vor allem einer Rezipientenschicht, die zum Teil bis zur Überfütterung mit Informationen vollgestopft war, der nach Arntzen darüber aber Empfindung, Fantasie und Reflexion verloren gegangen und statt dessen Passivität und Aggressivität zugekommen waren.

Diese Vorüberlegungen sind mit zu berücksichtigen, wenn man Möglichkeiten des Verstehens für das Dokumentarstück IN DER SACHE J. ROBERT OPPENHEIMER ergründen will. Vor einer direkten Auseinandersetzung mit dem Stück und seinem Stoff scheint es sinnvoll, grundsätzlich etwas zur möglichen Bedeutung von Dokumentarstücken zu sagen.

Klaus Harro Hilzinger weist in seiner Untersuchung zum dokumentarischen Theater darauf hin, dass sich dieses **immer nur als widersprüchlich gespannte Einheit von historischem Dokument und ästhetischer Umsetzung** verwirklichen lasse.[14] Er führt dazu eine plausible Begründung an:

> In der Tat wird dokumentarisches Theater sinnlos, wenn es sich auf das Nachspielen vergangener Geschehnisse beschränkt und Dokumente nur zitiert. Der Informationscharakter solcher Darstellungen kann nur unter bestimmten Bedingungen notwendiger und legitimer Bestandteil des Theaters sein, Aussagen über bestehende Wirklichkeit aber werden dadurch nicht oder nur dann getroffen, wenn der Zuschauer allein die intendierte Vermittlung vollzieht. Der Gegenwartsbezug des Dargestellten muß durch die Form der Darstellung hervortreten, und dies nicht als Zugeständnis an die Relativität jeder Rezeption von Vergangenheit, sondern als Vollzug eines dialektischen Geschichtsverständnisses, das die Abhängigkeit der Gegenwart von der Vergangenheit erkennt und dieses Verhältnis in der Aktualisie-

rung der Vergangenheit zur Kritik an der Gegenwart bewußt gestaltet. Als Postulate für die positiven Möglichkeiten dokumentarischen Theaters ergeben sich somit: die kritische Aufnahme und Aktualisierung des Vergangenen, die verallgemeinerungsfähige Darstellung des geschichtlichen Einzelfalls, die Formung und Funktionalisierung des abgebildeten oder zitierten Realitätsausschnitts zum Modell für Gegenwart und Zukunft.[15]

Es ist nicht zu übersehen, dass das, was Hilzinger hier programmatisch als positive Möglichkeiten des Dokumentartheaters auflistet, die Rezeptionsmuster verkennt, mit denen viele Dokumentarstücke in der Nachfolge HOCHHUTHS – auch KIPPHARDTS OPPENHEIMER – aufgenommen wurden. Nach der Hochhuth-Welle[16] kam die **dokumentarische Mode**[17], die als adäquater Versuch angesehen wurde, alte Theatergewohnheiten des Publikums aufzuweichen. PETER WEISS, der wohl wichtigste Theoretiker des dokumentarischen Theaters, propagierte dieses als **ein Theater der Berichterstattung,** definierte es zugleich aber auch als **Bestandteil des öffentlichen Lebens, wie es uns durch die Massenmedien nahe gebracht wird.** Als Hauptaufgaben des dokumentarischen Theaters nennt WEISS Kritik an der **Verschleierung** durch die Medien, Kritik an **Wirklichkeitsfälschungen** und Kritik an **Lügen.** Er will das Dokumentartheater als **Reaktion […] auf gegenwärtige Zustände, mit der Forderung, diese zu klären,** verstanden wissen. Der Schriftsteller PETER WEISS verbindet wissenschaftliche Sachlichkeit und Parteilichkeit, wenn er einerseits schreibt: **Das dokumentarische Theater legt Fakten zur Begutachtung vor,** andererseits auf die Fragwürdigkeit des Objektivitätsbegriffs hinweist.[18]

HEINAR KIPPHARDTS Stück *IN DER SACHE J. ROBERT OPPENHEIMER* kann sowohl an den Überlegungen Hilzingers als auch an der theoretischen Grundlegung des Dokumentartheaters durch PETER WEISS gemessen werden. Das darf natürlich weder dazu führen, dass das Stück hinsichtlich seiner Geschichtstreue geprüft wird, noch dass es bezüglich der in ihm möglicherweise eingelösten theoretischen Vorgaben ästhetischer bzw. politischer Natur analysiert wird.

Analyse und Interpretation des KIPPHARDT-Stückes können schließlich auch zur Einsicht führen, dass das dokumentarische Theater sich beim Versuch einer ästhetischen Verarbeitung historischer Dokumente in seinen Möglichkeiten überschätzt und die Übermacht von Film und Fernsehen auf dem Gebiet des Dokumentarischen verkannt hat. Möglicherweise tritt am Ende auch für dieses Stück das ein, was Bernd W. Seiler für die Rezeption des zeitgenössischen historischen Dramas festgestellt hat: dass sich nämlich das Verstehen auf eine Überprüfung des Wahrheitsanspruchs beschränken möchte.[19]

Diesem Verstehensmuster gilt es vorzubeugen und dabei leistet nicht zuletzt KIPPHARDTS Nachwort wesentliche Hilfe. Wenn der Autor ausdrücklich feststellt, dass sein Geschäft die Bühne, nicht die Geschichtsschreibung ist, er nach HEGEL also den Kern und Sinn freigeben will[20], so ist dazu festzustellen, dass er damit eine eindeutige Positionsbestimmung außerhalb der Historie im Sinne von Geschichtsschreibung vornimmt. Diese Feststellung ist ebenso banal wie traditionell – letztlich verblüffend konventionell. Sie fügt sich deutlich in eine Dichtungstradition ein, die bei ARISTOTELES ihren Ausgang nahm und deren Kernmaximen auch im 20. Jahrhundert noch ihre Relevanz haben.

ARISTOTELES stellte die Dichtung in eine Trias, die aus **Geschichtsschreibung, Dichtung** und **Philosophie** besteht und in deren drei Elementen deutlich unterschiedliche Grade geistiger Aktivität zum Ausdruck kommen. Nach ARISTOTELES erreicht der Geschichtsschreiber lediglich das Besondere, während der Dichter Abstraktionen vornimmt, aus dem Besonderen das Allgemeine herausfiltert und diesem dann durch die Hinzufügung von Eigennamen doch wieder das Flair des Besonderen verleiht. ARISTOTELES führt aus:

> Es ergibt sich, [...] daß es nicht die Aufgabe des Dichters ist zu berichten, was geschehen ist, sondern vielmehr, was geschehen könnte und was möglich wäre nach Angemessenheit oder Notwendigkeit. Denn der Geschichtsschreiber und der Dichter unterscheiden sich nicht dadurch, daß der eine Verse schreibt und der andere nicht [...]; sie unterscheiden sich vielmehr darin, daß der eine erzählt, was geschehen ist, der andere, was geschehen könnte. Darum ist die Dichtung auch philosophischer und bedeutender als die Geschichtsschreibung. Denn die Dichtung redet eher vom Allgemeinen, die Geschichtsschreibung vom Besonderen. Das Allgemeine besteht darin, was für Dinge Menschen von bestimmter Qualität reden oder tun nach Angemessenheit oder Notwendigkeit; darum bemüht sich die Dichtung und gibt dann die Eigennamen bei. Das Besondere ist, was Alkibiades tat oder erlebte.[21]

Wenn KIPPHARDT sich um ›Kern und Sinn‹ der Geschichte bemühen wollte, so ist das letztlich eher das im aristotelischen Sinn ›Allgemeine‹ als das ›Besondere‹.

WALTER JENS, der die Geschichte in den **Fiktionen der Poesie**[22] bewahrt sieht, hält an der Dichotomie von ›Allgemeinem‹ und ›Besonderem‹ fest, wenn er schreibt:

> Der aristotelische Satz, daß die Literatur, mit der Geschichtsschreibung verglichen, philosophischer und bedeutender sei, weil sie, vom Allgemeinen redend, das Mögliche zur Darstellung bringt, während die Historiographie, beschränkt auf das Besondere, sich lediglich ans Wirkliche halte, auf die Beschreibung des ›so und nicht anders‹ bedacht und nicht auf die Interpretation des vielleicht und womöglich [...] dieses Diktum gilt auch heute noch.[23]

HANS MAGNUS ENZENSBERGER, auf den JENS sich bezieht, stellte einmal fest:

> [...] niemand hat die Historie der Historiker im Kopf. Der Widerwille gegen sie ist elementar; er scheint unüberwindlich. Jeder kennt ihn aus der Schulstunde. Für die Völker ist und bleibt die Geschichte ein Bündel von Geschichten. [...] Die Pariser Kommune oder der Sturm auf das Winterpalais, Danton auf der Guillotine und Trockij in Mexico: an diesen Bildern hat die kollektive Imagination mehr Anteil als jede Wissenschaft. [...] Der wissenschaftlichen Recherche, die sich interesselos dünkt, verdanken wir vieles; doch sie bleibt Schlemihl, eine Kunstfigur. Einen Schatten wirft erst das wahre Subjekt der Geschichte. Es wirft ihn voraus als kollektive Fiktion.[24]

Auf diesem Hintergrund sollte eine Interpretation von HEINAR KIPPHARDTS *IN DER SACHE J. ROBERT OPPENHEIMER* stattfinden. Dabei mag besonders ENZENSBERGERS Hinweis auf das ›wahre Subjekt der Geschichte‹ Berücksichtigung finden und das Hauptaugenmerk sich auf KIPPHARDTS Oppenheimer-Gestalt richten, ohne allerdings die Technik des dokumentarischen Theaters in ihrer Funktion und Relevanz zu vernachlässigen.

3 Der historische Hintergrund

Der Stoff, dessen KIPPHARDT sich in seinem Stück bedient, ist nicht ein Ausschnitt aus der Biografie Oppenheimers, nicht eine Phase aus der Geschichte des Zweiten Weltkrieges und auch nicht einfach nur eine Etappe aus der Vergangenheit der Vereinigten Staaten von Amerika. Im Grunde gehört dieser Stoff in die Geschichte des sich permanent beschleunigenden Rüstungswettlaufs und markiert darin die Verlagerung des Wettrüstens auf die atomare Ebene. Somit müsste sich der historische Hintergrund hier besonders als Abriss der Atomgeschichte, der Geschichte der Kernphysik, verstehen, die letztlich ab 1945 die Linien der Weltgeschichte insgesamt bestimmen sollte. Statt einer Darstellung in epischer Breite mag ein tabellarischer Überblick eingängiger sein.

3.1 Tabellarischer Überblick

Ca. 400 v. Chr.	Die griechischen Philosophen Demokrit und Leukipp vertreten die Ansicht, dass die Materie aus kleinsten, unteilbaren und unveränderlichen Teilchen, den Atomen, bestehe.
1896	*Henri Bequerel* entdeckt die Radioaktivität, beweist das Vorhandensein einer Energiequelle im Atom.
1903	*Pierre Curie* nimmt in Stockholm den Nobelpreis für die mit *Marie Curie* betriebene Erforschung des Radiums entgegen, eines Elements, dessen Atome von selbst zerfallen und dabei Energie freisetzen. Diese Energie, eine unsichtbare Strahlung, durchdringt selbst bis zu zwei Zentimeter dicke Bleiplatten. Die Curies bezeichnen diesen Vorgang als ›Radioaktivität‹.
22. 4. 1904	*Julius Robert Oppenheimer* wird in New York als Sohn eines in die USA emigrierten deutschen Vaters und einer amerikanischen Mutter geboren. Die Eltern, wohlhabende Juden, sind aus Hanau ausgewandert.
1905	*Albert Einsteins* ›Theorie der Brown'schen Bewegung‹ liefert einen direkten und abschließenden Beweis für die atomare Struktur der Materie.

1911	*Ernest Rutherford* entdeckt den Atomkern.
1919	Rutherford stellt fest, dass hin und wieder ein Proton (d. h. ein Wasserstoffkern) ausgestoßen wird, wenn ein Alphateilchen (d. h. ein Heliumkern) auf den Kern eines Stickstoffatoms trifft. Helium wirkt also auf Stickstoff, um Wasserstoff zu erzeugen. Dabei wird Kernenergie frei.
1922 bis 1925	*Oppenheimer* studiert Physik an der Harvard University. Nach dem Examen setzt er seine Studien in England (Cambridge) und Deutschland (Göttingen) fort.
1927	In Göttingen promoviert er bei Max Born zum Dr. phil. und kehrt dann in die USA zurück.
1929 bis 1947	*Oppenheimer* lehrt an der University of California in Berkeley, gleichzeitig am California Institute of Technology in Pasadena (Quantentheorie).
1933	Entlassung jüdischer Hochschullehrer im Deutschen Reich durch die Nationalsozialisten. Ende der wissenschaftlichen und kulturellen Blüte Deutschlands, Beginn des Exodus der jüdischen Intelligenz, u. a. Max Born, *James Franck* (Nobelpreis 1925), Fritz Haber, *Leo Szilard* (ungarischer Emigrant).
1938	*Otto Hahn* und sein Assistent *Fritz Straßmann* entdecken die Kernspaltung als Uranspaltung an Atomkernen des Uran-Isotops U 235 als exotherme Kernreaktion eines Atomkerns. Das Atom, kleinster Baustein der Materie, ist unter dem Beschuss eines Neutronenstrahls geplatzt. Das Uran-Atom zerfällt in zwei neue Elemente, Barium und Krypton. (Letzteres war Hahn noch nicht bekannt.)
Ende 1938/ Anfang 1939	*Otto Frisch*, Neffe der Mitarbeiterin und Kollegin Otto Hahns *Lise Meitner*, überbringt nach Überprüfung dem Kopenhagener Kernphysiker *Niels Bohr* die Entdeckung Hahns. Bohr nimmt diese mit zu einem Physikerkongress nach Washington und erläutert sie amerikanischen Kollegen, kurz nachdem am 6. 1. 1939 Hahn seinen Bericht in Berlin veröffentlicht hat.
Februar 1939	*Frédéric Joliot*, Schwiegersohn von Pierre und Marie

Curie, bestätigt in Paris die Theorie, wonach die von Hahn entdeckte Atomspaltung zu einer Explosion von unvorstellbarer Gewalt führen könnte. Die Spaltung eines einzigen Atomkerns reichte aus, um eine Kettenreaktion auszulösen, die im Bruchteil einer Sekunde die ganze Masse Uran in Energie umwandeln würde. Nach der Einstein-Formel $E = mc^2$ (E = Energie, m = Masse, c = Lichtgeschwindigkeit) müsste die Explosion von unausdenkbarer Gewalt sein.

16. 3. 1939 Auf Anregung von *Szilard* und *Enrico Fermi* schreibt Professor George B. Pegram von der Columbia University an den Chef der Technischen Abteilung für Seekriegsoperationen, Admiral *S. C. Hooper*. Er weist Hooper auf die Möglichkeit hin, **Uranium als einen Explosivstoff zu benutzen, der etwa eine Million mal mehr Energie pro Pfund frei machen würde als alle bisher bekannten Sprengstoffe.**[25] Als Zeichen des guten Willens überweist die Marine 1500 US-$ an die Columbia University.

März 1939 *Szilard* versucht die westlichen Physiker zu einem stillschweigenden Publikationsstopp über Kernspaltung zu bewegen, damit wenigstens die wichtigsten Details nicht in die Kenntnis der Deutschen und der Russen kämen; er scheitert aber an *Joliots* Weigerung. Die Furcht des Auslands vor einer (atomaren) Superwaffe Hitler-Deutschlands hat begonnen und wird in der Zukunft lange für die Rechtfertigung amerikanischer Atomforschung und Atomrüstung herangezogen. Allerdings bestand durchaus Grund zur Beunruhigung.

29. 4. 1939 Professor Paul Hartreck von der Universität Hamburg schreibt einen Brief an das Oberkommando der Wehrmacht und weist auf neue Sprengstoffe hin, die sich aus den Entdeckungen der modernen Kernphysik entwickeln ließen.

Sommer 1939 Ein Bund von 12 Physikern schafft es nicht, den Bau der Atombombe zu verhindern. *Szilard* veranlasst im Krieg *Albert Einstein*, sich an den amerikanischen Präsidenten *Franklin Delano Roosevelt* zu wenden, um ihn auf die Notwendigkeit amerikanischer Anstrengungen angesichts einer möglichen Atombombe Hitler-Deutschlands hinzuweisen. (Nach der deutschen Kapitulation und angesichts der Nichtigkeit ihrer Befürchtungen versuchen *Szilard* und *Einstein* ohne Erfolg ihre Anregung rückgängig zu machen.) *Roosevelt* befiehlt die kriegswichtigen Atomforschungen mit aller Macht voranzutreiben.

Eine Vortragsreise des deutschen Physikers *Werner Heisenberg* verstärkt die Furcht der Amerikaner vor einer deutschen Bombe.

26.9.1939	Erste Konferenz des ›Uranvereins‹ im Heereswaffenamt Berlin. *Heisenberg* wird beauftragt, vordringlich die Möglichkeit einer Kettenreaktion zu erforschen.
11.10.1939	Der amerikanische Präsident erhält den berühmten Brief Albert Einsteins, der zum Bau der Atombombe führen sollte.
Winter 1939/40	*Otto Frisch* und *Rudolf Peierls*, zwei deutsche Emigranten an der englischen Universität Birmingham, erarbeiten eine erste Theorie der Uranbombe. Die beiden Forscher stellen fest, dass lediglich etwa eine Handvoll Metall als kritische Masse für eine solche Bombe vonnöten seien. Anschließend wird in England auf Befehl *Churchills* die Uranforschung vorangetrieben. Die Hiroshima-Bombe war eine Uranbombe.
1.11.1939 bis 31.10.1940	Für das Studium der Uraniumspaltung stehen Regierungsmittel von 6000 US-$ zur Erfügung, aus dem Fonds der Carnegie Institution of Washington kommen 20 000 US-$ hinzu.
1940	Die Rockefeller Foundation stellt über 1 000 000 US-$ für den Bau eines riesigen 4900-Tonnen-Zyklotrons (eines Atomzertrümmerungsgerätes) zur Verfügung. Weitere private Stiftungen stellen ebenfalls beträchtliche Summen dafür bereit.
1.11.1940	*Oppenheimer* heiratet Katherine Dallet, geb. Puening.
8.11.1940	Die Columbia University wird mit Arbeiten über die

	Uraniumspaltung im Wert von 40 000 US-$ beauftragt. In Jahresfrist werden insgesamt 16 ähnliche Projekte mit einem finanziellen Gesamtaufwand von 300 000 US-$ gebilligt. Bis zum Ende des Krieges werden 1,5 Milliarden US-$ für das gesamte Atombombenprogramm ausgegeben.
ab 1941	Neue Überlegungen zur militärischen Nutzung der Kernenergie in den USA (u. a. Briggs-Ausschuss).
März 1941	*Glenn Seaborg* gelingt in Berkeley die Herstellung von Plutonium, des Stoffes, aus dem später die Nagasaki-Bombe bestand. Plutonium entsteht durch Neutronenbeschuss des natürlichen Urans 238.
7. 12. 1941	Angriff der Japaner auf amerikanische Flottenverbände in Pearl Harbour.
Sommer 1942	Das Projekt des Baus einer amerikanischen Atombombe wird der Armee übertragen und erhält den Codenamen ›Manhattan Engineer District‹ (MED), später ›Manhattan Project‹; Brigadegeneral *Leslie Groves* übernimmt die Leitung. Groves war zuvor Pionieroffizier und hatte als stellvertretender Chef des Heeresbauwesens die Aufsicht über den Bau des *Pentagons,* des fünfeckigen Gebäudes des US-Verteidigungsministeriums. Für die Errichtung der nötigen Industrieanlagen werden riesige Ländereien beschlagnahmt und die Bewohner evakuiert. Das Gelände wird zur militärischen Sperrzone erklärt, um dort die atomaren Sprengstoffe Plutonium und Uran 235 produzieren zu können. General *Groves* trifft in Berkeley *J. Robert Oppenheimer,* gewinnt ihn als wissenschaftlichen Leiter des Projekts und bestimmt mit ihm *Los Alamos* – nördlich von Santa Fe auf einem Hochplateau, 2000 Meter über dem Meeresspiegel im Gebirge gelegen – als den Ort, an dem die Atombombe entstehen sollte.
ab 1942	In Chicago baut *Enrico Fermi* den ersten Kernreaktor der Welt. Mit dem Italiener waren die Physiker *Leo Szilard, Eugene Paul Wigner* (1928–1933 an der TH

	Berlin) und *Edward Teller* (der spätere ›Vater‹ der Wasserstoffbombe) nach Chicago gekommen, ferner der deutsche Emigrant *James Franck*, der aus Protest gegen Hitler seinen Göttinger Lehrstuhl im Jahre 1933 aufgegeben hatte.
Dezember 1942	*Enrico Fermi* gelingt die erste gesteuerte Kettenreaktion in Chicago. *Oppenheimer,* von staatlicher Seite beauftragt, die bisher an verschiedenen Stellen durchgeführten Versuche zur Entwicklung und Herstellung von Atombomben verantwortlich zu leiten und zu koordinieren, formiert seinen Mitarbeiterstab für Los Alamos: – Hans Bethe, bis 1933 an der Universität München – Otto Frisch – Rudolf Peierls – Klaus Fuchs (Assistent Peierls', später als Spion der Sowjetunion enttarnt)
1943	Spionagefall um die Oppenheimer-Schüler *Joseph Weinberg, David Bohm, Giovanni Lomanitz.*
ab März 1943	Unter *Oppenheimers* Leitung erfolgt die Einrichtung eines Labors in Los Alamos, in dem im Rahmen des ›Manhattan Project‹ die ersten Atombomben gefertigt werden.
Juli 1943	*Oppenheimer* wird Chef des Labors.
Sommer 1944	Das amerikanische Sonderkommando *Alsos* landet mit den alliierten Invasionseinheiten in Frankreich, um Informationen über Atomforschung im Deutschen Reich zu sammeln.
12.4.1945	Der amerikanische Präsident *Franklin D. Roosevelt* stirbt, Nachfolger wird *Harry S. Truman.*
23.4.1945	Die *Alsos*-Einheit besetzt Haigerloch (im heutigen Baden-Württemberg), wo *Werner Heisenberg* unter primitiven Bedingungen am ersten Kernreaktor der Welt zu arbeiten glaubte. Die Amerikaner müssen feststellen, dass die deutsche Atomforschung weit hinter ihren Befürchtungen zurückliegt.
8.5.1945	Kapitulation des Deutschen Reiches. Dennoch und

	trotz Hitlers Tod wird das Manhattan Project nicht aufgegeben; besonders *Leo Szilard* macht sich für eine Einstellung der Atombombenentwicklung stark.
Ende Mai 1945	Der Kampf um Okinawa, den Hauptstützpunkt der Japaner auf den Riukiuinseln, befindet sich in der entscheidenden Phase.
12. 6. 1945	Der Franck-Report (nach dem deutschen Exilanten *James Franck*), der die internationale Kontrolle von Atomwaffen fordert und den Einsatz einer Atombombe gegen Japan nur nach einer vorherigen öffentlichen Demonstrationsexplosion in einer Wüste oder auf einer unbewohnten Insel und nach einer Warnung an Japan für statthaft hält, wird beim US-Präsidenten hinterlegt.
	Ein ›Interim-Commitee‹ wird eingesetzt, das sich mit dem Franck-Report auseinander setzen soll. Ein wissenschaftlicher Unterausschuss, bestehend aus *J. Robert Oppenheimer, Enrico Fermi, Ernest Lawrence* und *Arthur Compton*, führt in seiner Stellungnahme u. a. aus:
	Wir erkennen die Verpflichtung gegenüber unserer Nation, daß die Waffe angewendet werden muß, um amerikanische Leben zu retten. Wir können keine technische Demonstration zur Beendigung des Krieges vorschlagen. Wir sehen keine Alternative zum unmittelbaren militärischen Einsatz. [...] Wir haben als Wissenschaftler kein Eigentumsrecht (an unserer Arbeit). Es ist wahr, daß wir zu den wenigen Menschen gehören, die in den letzten Jahren Gelegenheit hatten, diese Probleme zu bedenken. Wir besitzen jedoch keinen Anspruch auf besondere Kompetenz zur Lösung der politischen, sozialen und militärischen Probleme, die durch die Entdeckung der Atomkraft entstehen.[26] Danach sprach sich auch das Interim-Commitee einheitlich für einen Einsatz der Bombe aus.
16. 7. 1945	Unter dem Codewort *Trinity* (Dreifaltigkeit) findet in der Wüste von New Mexico in der Jornada del Muerte (Todesweg) bei Los Alamos der erste Atombombenversuch statt. Getestet wird eine Plutoniumbombe.

Der historische Hintergrund

	Zeitungen in Chicago melden, in New Mexico sei ein Munitionsdepot unter erstaunlichen Lichteffekten in die Luft geflogen.
17.7. bis 2.8.1945	Potsdamer Konferenz.
26.7.1945	Der amerikanische Präsident *Truman* stellt mit dem britischen Premierminister *Churchill* ein Ultimatum: Falls Japan nicht bedingungslos kapituliere, stünde die ›völlige Verwüstung der japanischen Inseln‹ bevor. Allerdings hat bereits zwei Tage zuvor Kriegsminister *Stimson* dem Chef des Strategischen Bomberkommandos, General *Spaatz*, den Befehl zum Einsatz der Bombe gegeben. Als Termin für den ersten Einsatz einer Uranbombe ist bereits ein wettergünstiger Tag gleich nach dem 3.8.1945 festgesetzt worden. Schon vorher sind die möglichen Ziele für den ersten Atombombenabwurf in ihrer Reihenfolge festgesetzt worden: (1) Hiroshima, Hafenstadt im Süden der Hauptinsel Hondo (2) Yokohama, Schwesterstadt Tokios (3) Kokura, Hafenstadt auf der Insel Kiuschu (4) Niigata, im Nordwesten von Hondo (5) Nagasaki, Hafenstadt auf Kiuschu
6.8.1945	Der Atombomber B-29 ›Enola Gay‹ mit ›Little Boy‹, der Atombombe für *Hiroshima*, startet um 2.45 Uhr von der Pazifikinsel *Tinian*. Gegen 8.15 Uhr fällt die erste Atombombe und löst ein Inferno aus. Die Gesamtzahl der Todesopfer wird ein halbes Jahrhundert später mit über 200 000 angegeben.
9.8.1945	Von der Insel Tinian startet der Bomber B-29 ›Bock's Car‹ mit ›Fat Man‹, der ersten Plutoniumbombe, an Bord. Wegen einer dichten Wolkendecke über dem eigentlichen Ziel *Kokura* fällt um 12.00 Uhr die Bombe auf *Nagasaki*. Ihre Stärke, etwa doppelt so groß wie die der Hiroshima-Bombe, kommt nicht zur vollen Entfaltung, weil der angepeilte Zielpunkt um einige Kilometer verfehlt wird. Dennoch ist die Vernichtung gewaltig. Bis 1999 starben an den Folgen rund 121 600 Menschen.

14.8.1945	Das Kapitulationsangebot Japans vom 10.8.1945 tritt in Kraft.
16.10.1945	*Oppenheimer* nimmt seinen Abschied als Direktor von Los Alamos.
1946 bis 1952	*Oppenheimer* ist Vorsitzender des Beratungsausschusses (General Advisory Council) der Atomic Energy Commission und hat daneben fast 50 Beraterposten inne.
1947 bis 1966	*Oppenheimer* leitet das Institute for Advanced Study in Princeton, New Jersey.
ab 1949	Entwicklung der amerikanischen Wasserstoffbombe unter Federführung *Edward Tellers*, nachdem sich die Oppenheimer-Kommission aus moralischen Gründen gegen die Entwicklung der H-Bombe ausgesprochen hatte.
August 1949	Erste sowjetische Atombombe gezündet.
31.1.1950	Präsident *Truman* ordnet den Bau der H-Bombe an. *Edward Teller* wird Leiter des Projekts in Los Alamos.
1.11.1952	Explosion der ersten Wasserstoffbombe ›Mike‹ der USA auf dem *Eniwetok-Atoll* im Pazifik.
6.4.1953	Der US-Senator McCarthy moniert das Zögern bei der Entwicklung einer amerikanischen Wasserstoffbombe und fordert energisch dazu auf, das Untergehen der Nation zu verhindern.
27.7.1953	Ende des Koreakrieges.
August 1953	Explosion der ersten sowjetischen Wasserstoffbombe.
Ende 1953	Einleitung eines Untersuchungsverfahrens gegen *Oppenheimer* wegen angeblicher kommunistischer Gesinnung.
12.4. bis 6.5.1954	Abschluss der Ermittlungen mit Hearings, die dazu führen, dass Präsident *Dwight D. Eisenhower Oppenheimer* die Erlaubnis entzieht, weiterhin an geheimen Projekten mitzuarbeiten oder Einsicht in neue Entwicklungen zu nehmen. *Oppenheimer*, so die Begründung, erfülle die Sicherheitsbedingungen nicht.

1948 bis 1958	43 Versuchsexplosionen mit Uran-Plutonium- und Wasserstoffbomben auf dem *Eniwetok-Atoll* im Pazifik.
1963	Präsident *John F. Kennedy* rehabilitiert *Oppenheimer*, dem der Enrico-Fermi-Preis verliehen wird.
18.2.1967	*Oppenheimer* stirbt in Princeton, New Jersey, an Kehlkopfkrebs.
1968	Unterzeichnung des Atomwaffensperrvertrags durch UdSSR, USA und Großbritannien, dem in der Folgezeit an die 180 Staaten (auch Deutschland) beitreten. Sie verpflichten sich zur Nichtverbreitung von Kernwaffen.
ab 1969	Abrüstungsverhandlungen, die zur Reduzierung strategischer Nuklearwaffen führen sollen. Bisher Abschluss von vier Abkommen zwischen UdSSR/Russland und USA: SALT I 1972, SALT II 1979, START I 1991, START II 1993.
1982	*Edward Teller*, ›Vater‹ der amerikanischen Wasserstoffbombe, erhält von Präsident *Ronald Reagan* die ›nationale Wissenschaftsmedaille‹.
1996	Unterzeichnung des Atomteststopp-Abkommens durch 16 Staaten (bis Oktober 1999 155 Staaten). Der Vertrag kann erst in Kraft treten, wenn alle 44 Staaten, die über Atomtechnologie verfügen, ihn ratifiziert haben.
1997	Das Jahresbudget für Los Alamos beläuft sich auf etwa 1,2 Milliarden US-$.
1999	Die Einwohnerzahl von Los Alamos beträgt ca. 18 500, nach nur 60 im Jahr 1943 und 5000 im Jahr 1945.

3.2 Gesamteinschätzung der geschichtlichen Phase

Für eine Bewertung der geschichtlichen Periode, in der J. Robert Oppenheimer so nachhaltig tätig war, können folgende Aspekte besonders berücksichtigt werden:

1. Die Vereinigten Staaten von Amerika haben sich nach ihrem Kriegseintritt im Jahr 1943 in besonderer Weise mit den Japanern auseinander zu setzen. Der Überfall auf Pearl Harbour demütigt und provoziert die USA.

2. Der europäische Kriegsschauplatz fordert die USA und ihre Alliierten nicht nur durch das vorhandene militärische Potenzial Hitler-Deutschlands, das seine Kriegsmarine sogar bis vor die US-Küste zu Angriffen ausschickt. Vielmehr noch beunruhigt die Alliierten, besonders die USA, eine noch nicht vorhandene, geheimnisvolle Superwaffe: Schon 1939 berichten amerikanische Wissenschaftler, die Europa bereist haben, nach ihrer Rückkehr, im Kaiser-Wilhelm-Institut in Berlin sei ein großes Team qualifizierter Wissenschaftler mit der Trennung des Uraniums 235 beschäftigt.

Im Dezember 1941 wird bekannt, dass die Deutschen ›schweres Paraffin‹ aus norwegischem schwerem Wasser erzeugen. Diese Substanz sollte offensichtlich als Moderator für einen Kernreaktor dienen.

Im Frühjahr 1943 erhält ein amerikanischer Wissenschaftler aus der Schweiz die Nachricht, in Deutschland laufe ›die nukleare Kettenreaktion bereits‹.

Ende 1943 bestätigt Niels Bohr, dass Werner Heisenberg die Leitung des deutschen Atomprogramms übernommen habe, als er sah, dass für Deutschland der Krieg verloren schien. Heisenberg hatte sich zuvor ständig gegen die Übernahme von ihm durch die Nationalsozialisten angetragenen Kriegsaufgaben gewehrt.

Bei der Landung der Alliierten in der Normandie am 6. Juni 1944 tragen einige amerikanische Offiziere aus Furcht Geigerzähler mit sich.

Erst allmählich stellt sich beim Vormarsch die atomare Überlegenheit der USA gegenüber dem Deutschen Reich heraus. Hitler hatte durch unerfüllbare Zeitvorgaben die deutsche Atomforschung praktisch lahmgelegt.

3. Nicht zuletzt ausgelöst durch diese unberechtigte Furcht und forciert durch die Früchte sowjetischer Spionagetätigkeit gewinnt der Rüstungswettlauf eine neue gigantische Dimension.

4. Irritiert von der Verwundbarkeit der eigenen Atomforschung durch Ostagenten findet die Kommunistenfurcht der McCarthy-Ära auch Eingang in diesen sensiblen Rüstungsbereich der USA. Oppenheimer wird zum wohl prominentesten Opfer einer verbreiteten Sicherheitshysterie.

4 Das Stück

4.1 Der Inhalt

1. Szene

In einem elektronisch gesicherten Raum der Atomenergiekommission treffen unter dem Vorsitz von Gordon Gray die Mitglieder des Untersuchungsausschusses (neben Gray noch Ward V. Evans und Thomas A. Morgan), die Anwälte der Atomenergiekommission (Roger Robb und C. A. Rolander) sowie J. Robert Oppenheimer und seine Anwälte (Lloyd K. Garrison und Herbert S. Marks) zusammen.

Der Vorsitzende Gray eröffnet nach einer recht formalen Begrüßung die vertrauliche Untersuchung, die er ausdrücklich nicht als Gerichtsverhandlung verstanden wissen will. Gegenstand des Hearings ist die Frage, ob Oppenheimer die Sicherheitsgarantie weiterhin erteilt werden kann. Das Kernproblem der ersten Szene ist, wie Oppenheimers zweideutige Einstellung gegenüber Produktion und Einsatz der Atombombe zu erklären ist.

Zu Anfang der Anhörung wird Oppenheimer mit der Aufzeichnung eines Fernsehinterviews mit Senator McCarthy konfrontiert. In diesem Interview kritisiert der Senator, dass die Wasserstoffbombe um achtzehn Monate verzögert wurde, während durch amerikanische Aufklärungstätigkeiten unmissverständlich klar war, dass die Russen die H-Bombe fieberhaft entwickelten. Nun, da die sowjetische Bombe da sei, stelle sich die Frage, ob nicht **Verräter,** die die Regierung absichtlich falsch berieten und **sich als Atomhelden feiern ließen** (9), endlich wegen ihrer Verbrechen zur Rechenschaft gezogen werden müssten.

Auf die Frage, ob er diese Bemerkungen auf sich bezogen habe, antwortet Oppenheimer mit einem Zitat Einsteins, dass dieser, und damit auch Oppenheimer, seine nicht vorhandene Unabhängigkeit bedaure.

Im eigentlichen Verhör wird deutlich, dass Oppenheimer sich wissenschaftlich als nicht allein verantwortlich betrachtet: Wenn man die Grundlagenforschung berücksichtige, habe die Bombe **an die hundert Väter.** Auch eine Verantwortung für den Atombombenabwurf auf Hiroshima weist er von sich, da dies eine **politische Entscheidung** gewesen sei (11), er und andere Wissenschaftler hätten nur wissenschaftliche Daten zur Eignung der Ziele gegeben. Auf entsprechende Fragen gesteht Oppenheimer ein, dass er zwar Argumente gegen den Abwurf auf Hiroshima angeführt, diese aber nicht verfochten habe, und er bekennt, schreckliche Skrupel gehabt zu haben. Er weiß auch, dass dies Schizophrenie deutlich mache, in der allerdings die Physiker seit einigen Jahren lebten. Die Welt sei, so stellt Oppenheimer fest, nicht auf die neuen Entdeckungen eingerichtet. Unter Anspielung auf die bei den Deutschen vermuteten Entwicklungen sagt er, man habe die Atombombe gebaut, um ihren Einsatz zu verhindern.

Durch eine Suggestivfrage herausgefordert ist Oppenheimer deutlich darauf bedacht, sich als Physiker von Politikern und Militärs zu distanzieren. Er versucht einerseits, ausdrücklich seinen wissenschaftlich-technischen Bezugsrahmen zu verdeutlichen, andererseits gesteht er freimütig ein, dass die Wissenschaftler inzwischen **an den Rand der Vermessenheit geraten** seien und **die Sünde kennengelernt** (16) hätten.

Die Anschuldigung, die ihm mehr als zwölf Jahre zurückliegende Kontakte zu Kommunisten vorhält, findet er deprimierend. Überraschend und zugleich unwahr ist für ihn der Vorwurf, er habe sich **aus moralischen und anderen Gründen** (18) gegen die Konstruktion der Wasserstoffbombe gewandt und auch andere Wissenschaftler dahingehend beeinflusst.

Die Kommission setzt eine neuerliche Untersuchung alter Vorwürfe durch, weil sie über neues Belastungsmaterial zu verfügen glaubt. Außerdem soll mit dem ehemaligen kommunistischen Funktionär Paul Crouch ein neuer Zeuge aufgeboten werden.

2. Szene

Oppenheimer wird bezüglich seiner Kontakte zur Kommunistischen Partei befragt. Er gibt zu, dass er zeitweise kommunistischen Ideen recht nahe stand, will sich aber eher als **Fellow-Traveller**, als **Mitreisender** (23), verstanden wissen. Diese Rolle weist ihn als jemanden aus, der zwar mit Teilen des kommunistischen Parteiprogramms übereinstimmte, auch mit Kommunisten zusammenzuarbeiten bereit war, ohne jedoch Parteimitglied zu sein. Mit Oppenheimers früherer Verlobten, Dr. Jean Tatlock, glaubt die Anklageseite einen Trumpf gegen ihn in der Hand zu haben. Damit wird das Verhör sehr persönlich. Oppenheimer verlässt den Zeugenstand und sein Anwalt Garrison erhebt erfolgreich Einspruch gegen die intimen Fragen.

3. Szene

Die Befragung Oppenheimers zu seinen **Beziehungen zu der kommunistischen Bewegung** (28) wird fortgesetzt. Dabei wird deutlich, dass er über die Entwicklung des Faschismus in Spanien und Deutschland beunruhigt war und eine Ausbreitung über die ganze Welt befürchtete. Aus diesem Grund hat er den spanischen Widerstand gegen den Faschismus finanziell unterstützt – mit Geld, das allerdings durch kommunistische Hände ging. Auf die Frage, warum er denn nicht Mitglied der Kommunistischen Partei geworden sei, verweist Oppenheimer auf die ihm wichtige Unabhängigkeit: Er will nicht die Gedanken anderer Leute denken. Nachdem er beteuert hat, dass seine Sympathien für kommunistische Ideen zur Zeit seiner Arbeitsaufnahme in Berkeley fast ganz erloschen gewesen seien, wird Oppenheimer von Robb in die Enge getrieben. Der Anwalt der Atomenergiekommission will wissen, ob am 23. Juli 1941 in Oppenheimers Haus ein kommunistischer Funktionär vor einer geschlossenen Gesellschaft die neue Parteilinie erläutert habe. Auf diesem Weg lässt Robb sich die Namen einiger Bekannter Oppenheimers bestätigen, die auch zugegen gewesen sein sollen. Am Zeugen, den Robb aufbietet, zweifelt der Anwalt Oppenheimers, Marks; er meint, die Zeugnisse seien falsch. Er tritt den Beweis an, dass Robbs Zeuge sein Geld nicht wert sei: In der fraglichen Zeit ist Oppenheimer mit seiner Frau nicht in Berkeley, sondern in New Mexico gewesen, wie Hotel- und Personennachweise belegen.

4. Szene

Im Folgenden konzentriert sich die Anhörung Oppenheimers auf die Frage nach dem Sicherheitsrisiko, das ein für ein geheimes Kriegsprojekt arbeitender Kommunist darstellen könne. Oppenheimer verneint diese Vermutung und stellt unmissverständlich fest, dass doch wohl kein Mensch an den geheimen Kriegsprojekten einer Regierung arbeite, die er andererseits aufgrund seines Parteiprogramms beseitigen sollte. Ein aktives Mitglied, so bestätigt er, sei ein zu großes Sicherheitsrisiko. Die Fragen Robbs nach Oppenheimers Überprüfungsmethoden in diesem Bereich zielen – scheinbar unvermittelt – plötzlich auf Oppenheimers Bruder. Oppenheimers Feststellung: **Bei seinem Bruder stellt man keinen Test an** (37) befriedigt Robb nicht und Oppenheimer stellt u. a. fest, er sei nicht verpflichtet, die Karriere seines Bruders zu zerstören, wenn er volles Vertrauen zu ihm habe. Er missbillige, **daß ein Mensch wegen seiner gegenwärtigen oder vergangenen Ansichten vernichtet** werde. Auf den Hinweis Robbs, dass die Freiheit auch mit unbequemen Maßnahmen geschützt werden müsse, antwortet Oppenheimer, es gebe Leute, die bereit seien, **die Freiheit zu schützen, bis nichts mehr von ihr übrig** (40) sei. Er habe von sich aus keine Veranlassung gesehen, die kommunistischen Interessen seines Bruders zu melden.

5. Szene

Am Anfang der fünften Szene entkräftet Oppenheimer die Vermutung Rolanders, in Los Alamos sei **eine beträchtliche Anzahl von Wissenschaftlern Fellow-Travellers**, d. h. Mitläufer bei den Kommunisten, gewesen. Er ist jedoch davon überzeugt, dass es im Ganzen **viele Physiker mit linken Neigungen** (43) gegeben habe, da sie sowohl in ihrer Arbeit, aber auch politisch mit ihren Gedanken auf Veränderungen ausgerichtet seien. Auf eine entsprechende Frage kann er das auch für seine Schüler bestätigen, die im Übrigen aber gute Wissenschaftler gewesen seien. Als ihm von Rolander erneut die entsprechenden Befürchtungen vor Augen gestellt werden, entgegnet Oppenheimer, er meine, man könne einen Menschen nicht auseinander nehmen wie einen Zündsatz. Damit stellt er unterschwellig die Fragwürdigkeit des Verfahrens um seine Person fest und fügt wenig später ein klares Plädoyer für die Freiheit der überragenden Denker und Erfinder an: **Die Wege der Leute mit erstklassigen Ideen verlaufen nicht so gradlinig, wie sich das die Sicherheitsbeamten träumen. Mit tadellosen, das heißt konformen Ansichten macht man keine Atombombe. Ja-Sager sind bequem aber uneffektiv.** (45)

6. Szene

Das Verhör des zehnten Tages gewinnt anfangs eine fast persönliche Note: Robb, der Entsprechendes seinen Unterlagen entnommen hat, beglückwünscht Oppenheimer zu dessen fünfzigstem Geburtstag. Nach Oppenheimers abweisender Reaktion, es gebe keine Veranlassung dazu, bleibt Robb beim Thema, indem er nach einem Glückwunsch von seinem Freund Haakon Chevalier fragt.

Auf entsprechende Fragen bestätigt Oppenheimer, dass er Chevalier noch immer als seinen Freund betrachtet, als einen **der zwei, drei Freunde, die man im Leben hat** (50), und dass Chevalier **stark linke Ansichten** (49) habe.

Im Weiteren möchte die Untersuchungskommission von Oppenheimer Auskünfte über den englischen Chemotechniker Eltenton, der für einige Jahre in Russland tätig war. Oppenheimer berichtet, er habe eines Tages von Chevalier gehört, dass Eltenton unzufrieden über die fehlende Unterstützung für die Russen sei, technische Informationen in die Sowjetunion zu übermitteln. Er selbst, Oppenheimer, habe dies als indiskutabel bezeichnet, dem habe Chevalier zugestimmt. Weil er das Gespräch mit Chevalier für nicht so ernst gehalten habe, habe er den Vorfall nicht an die Sicherheitsbehörden gemeldet. Oppenheimer bestätigt dann, dass er nach dem Hinweis Lansdales, ihn beunruhige die Sicherheitssituation in Berkeley, und nach dem Hinweis des Sicherheitsoffiziers Johnson auf Eltenton doch Meldung erstattet habe. Um Chevalier aus der Angelegenheit herauszuhalten, habe er eine ›Räuberpistole‹ (53) erfunden und lediglich Eltenton identifiziert. Erst spät habe er die mögliche Belastung Chevaliers erkannt und auf Befehl des militärischen Chefs von Los Alamos seinen und den eigenen Namen preisgegeben.

Dann tritt der Sicherheitsoffizier Oberst Pash auf, der mit der Abwehr von insbesondere kommunistischen Spionen an Kriegsprojekten und mit der Klärung der Frage, ob die Deutschen eine Atombombe bauten, betraut war. Im Mai 1943 habe er sich mit der Aufklärung eines möglichen Spionagefalls in Berkeley beschäftigen müssen. In diesem Fall, so berichtet Pash, habe Oppenheimer nicht nur seine Verbindungen eingesetzt, um den Mitarbeiter Lomanitz zu halten. Vielmehr habe man feststellen müssen, dass jeder, der in Bedrängnis geriet, sich an Dr. Oppenheimer wandte, was schließlich zur Einleitung eines Untersuchungsverfahrens wegen Spionageverdachts gegen ihn geführt habe. Diese Ermittlungen hätten das Ergebnis gebracht, dass Oppenheimer wahrscheinlich Mitglied der Kommunistischen Partei gewesen sei. Daraufhin sei dem Pentagon die Empfehlung gemacht worden, Oppenheimer aus dem Projekt und jedem Regierungsdienst zu entfernen; falls dies nicht möglich sein sollte, ihm zwei Leibwächter zur Überwachung beizuordnen. Allerdings wurden die Empfehlungen nicht akzeptiert. Pash lässt schließlich eine Kassette mit der Aufzeichnung des seinerzeit geführten Interviews mit Oppenheimer vorspielen.

Die Bildkassette präsentiert einen hilfsbereiten, gelösten Oppenheimer, der Pash den Fall darstellt, den möglichen Mittelsmann Eltenton nennt, nicht dagegen einen Kontaktmann, über den man an Eltenton herankäme.

Über die Kassette kommt die Person Niels Bohr ins Verhör und Oppenheimer berichtet, Bohr hätte sich darüber erregt, dass **die Wissenschaft zu einem Appendix des Militärs** gemacht werde. Bohr habe die Vorstellung gequält, dass, wenn das Militär einmal den **Atomknüppel** (61) in der Hand habe, es auch damit zuschlagen werde.

Auf eine entsprechende Frage Robbs stellt Pash klar, dass er weder früher noch zum Zeitpunkt der Befragung Oppenheimer die Sicherheitsgarantie erteilen könnte. Wenn auch Lansdale und General Groves diese Meinung seinerzeit geteilt hätten, Oppenheimers Prestige und Einfluss im Jahr 1946 hätten kaum einen Zweifel an dessen Integrität aufkommen lassen: **Er war damals ein Gott.** (64) Anschließend stellt Pash fest, dass Oppenheimer seine uneingeschränkte Loyalität nur der Wissenschaft und seiner Karriere geben könne.

Nach Pash wird der ehemalige Geheimdienstoffizier Lansdale vernommen, der während des Krieges für die Sicherheit des ganzen Atomwaffenprojekts verantwortlich war. Damit war er auch mit der Erteilung der Sicherheitsgarantie für Dr. Oppenheimer betraut. Lansdale ist – im Gegensatz zum sehr selbstbewussten Pash – um eine kritische und differenzierte Beurteilung bemüht. Nach seiner Einschätzung war Oppenheimer **der einzige Mann, der Los Alamos verwirklichen konnte** (67), kein Kommunist und der Sicherheitsgarantie durchaus würdig, da er **vollständig loyal und sehr verschwiegen** (69) sei. Das grundsätzliche Spannungsverhältnis zwischen dem **Geist der Wissenschaft** und den **militärischen Sicherheitserfordernisse[n]** vergleicht er mit einem Ballspiel zwischen Vögeln und Nashörnern (68). Als erneut die Rede auf Jean Tatlock kommt, lassen sich weder Lansdale noch Oppenheimer auf Fragen hinsichtlich der Privatsphäre ein. Lansdale wird vorgeworfen, er verteidige Oppenheimer, was dazu führt, dass er aufgebracht seine Beunruhigung über die laufende **Kommunistenhysterie** (73) zum Ausdruck bringt, die er als für die amerikanische Demokratie gefährlich ansieht. Gesetzliche Kriterien, so stellt er fest, würden durch Furcht und Demagogie abgelöst. Die Hysterie entstände durch **die Wiederkäuerei von altem, längst erledigtem Stoff aus dem Jahre 1940 oder 1943** (74).

Im Gegensatz zu Pash bezweifelt Lansdale, dass es für ein Kriegsprojekt **eine hundertprozentige Sicherheit** (77) geben könne. Um diese zu erreichen, müssten alle die Freiheiten aufgegeben werden, die an sich für verteidigenswert gehalten würden. Dieser Weg ist für ihn indiskutabel.

Mit der Befragung von Pash und Lansdale wird der erste Komplex des Hearings abgeschlossen. Im Folgenden soll Oppenheimers Einstellung zur Entwicklung der Wasserstoffbombe geklärt werden.

7. Szene

Am Anfang der siebten Szene kommt zum Ausdruck, welches Echo das Oppenheimer-Hearing ausgelöst hat: Die Presse verfolgt die Angelegenheit mit großem Interesse, wie Schlagzeilen zeigen. Die Phase des Verhörs, die in dieser Szene präsentiert wird, beschäftigt sich mit Oppenheimers Rolle während der Entwicklung der Wasserstoffbombe. Ausgangspunkt ist ein Brief der Atomenergiekommission, der Oppenheimers Widerstand und die Gründe dafür verdeutlicht. Mit diesen und weiteren Dokumenten konfrontiert, macht Oppenheimer deutlich, dass es ihm und seinen Kollegen seinerzeit daran gelegen war, nicht die Initiative zu ergreifen, es sei ihm auch klüger erschienen, zu einer internationalen Verzichtserklärung hinsichtlich dieser schrecklichen Waffe zu kommen. Diese Überlegung rechtfertigt er damit, dass er feststellt: **Die Möglichkeit, das Leben auf der Erde gänzlich auszulöschen, ist eine neue Qualität. Das Menetekel für die Menschheit ist an die Wand geschrieben.** (82 f.)

Befragt, ob er sich für die Behandlung strategischer Fragen kompetent fühle, weicht Oppenheimer aus: Er stellt fest, dass damals an der technischen Durchführbarkeit der Wasserstoffbombenpläne gezweifelt worden sei. Er muss einräumen, dass die Tests im Hinblick auf die ›Super‹ (Wasserstoffbombe) sehr erfolgreich waren, beklagt aber das enorme Gewicht des amerikanischen Modells. Oppenheimer macht auf das Problem des Wettrüstens aufmerksam, bekennt andererseits aber, dass er und seine wissenschaftlichen Kollegen bei entsprechenden Voraussetzungen **jede Art von Waffe** (84) entwickelt hätten. Die Skrupel seien erst nach Hiroshima gekommen, als deutlich wurde, dass die entwickelten Waffen auch wirklich eingesetzt wurden. Trotz aller Bedenken sei die Faszination, die von der wissenschaftlichen Idee ausging, so groß gewesen, dass die Wasserstoffbombe gebaut wurde. Dabei sei sein eigener wissenschaftlicher Beitrag indessen unbedeutend gewesen; um die Verantwortung für das Programm zu übernehmen, sei er nicht der richtige Mann gewesen. Darauf hingewiesen, dass er einerseits fasziniert gewesen sei von der wissenschaftlichen Idee, andererseits aber deren Ergebnis, die Wasserstoffbombe, verabscheute, versucht Oppenheimer, den Physikern Immunität in moralischen Fragen zuzuschreiben: Es sei **nicht die Schuld der Physiker, daß [...] aus genialen Ideen immer Bomben werden.** In der Tat stellte sich für den Wissenschaftler ein Loyalitätskonflikt, **wenn sich die Regierungen den neuen Ergebnissen der Naturwissenschaften nicht oder nur ungenügend gewachsen zeigten** (88 f.). In diesem Fall stehe der Wissenschaftler sowohl gegenüber einer Regierung als auch gegenüber der Menschheit in der Verantwortung. Für sich selbst hat die Loyalität gegenüber der Regierung Vorrang, ohne dass ihn das allerdings von seinen Skrupeln entbinden könnte. Nachdem Oppenheimer wiederholt seine grundsätzlichen Bedenken formuliert hat, tritt der eigentliche ›Vater‹ der Wasserstoffbombe, Edward Teller, in den Zeugenstand.

Am Anfang seiner Ausführungen berichtet auch Teller von der Faszination, die von der Vorstellung ausging, einmal **das Wunder der Sonnenenergie durch die Verschmelzung leichter Kerne nachzuahmen** (96). Auch Oppenheimer wird von Teller in diese Euphorie eingeordnet. Im Weiteren belastet Teller seinen Kollegen J. Robert Oppenheimer allerdings schwer: Nach Hiroshima habe dieser das Programm der Wasserstoffbombe für nicht mehr zeitgemäß gehalten, was allerdings der allgemeinen Stimmung unter den Physikern entsprochen habe. Dann aber stellt er die besondere Rolle Oppenheimers heraus: Wenn er in Los Alamos geblieben wäre und das Programm unterstützt hätte, dann hätten auch andere fähige Leute mitgemacht und die Wasserstoffbombe wäre früher verfügbar gewesen – wahrscheinlich bereits 1948, bevor die Russen ihre Atombombe hatten. Im Gegensatz zu Oppenheimer scheint Teller politischer zu denken, denn als mögliche Konsequenzen einer früheren Verfügbarkeit der H-Bombe führt er aus: Die USA hätten sich **das China-Debakel ersparen können** (99) und sie hätten ihre Führungsposition behalten. Beim vom Präsidenten angeordneten Dringlichkeitsprogramm hat es nach Auffassung Tellers durch Oppenheimer keine Unterstützung für das Projekt, sondern eher Behinderung gegeben: So sei das zweite Laboratorium in Livermore auf den Widerstand des Wissenschaftsrates gestoßen; so sei nicht Oak Ridge, sondern Chicago für die Reaktorarbeit ausgebaut worden; so sei Oppenheimer weder auf die Forderung nach weiteren Experimenten noch nach zusätzlichen Finanzmitteln eingegangen. Oppenheimers Haltung sei in der betreffenden Phase **abwartend neutral** (103) gewesen, später, 1951, habe sich seine Einstellung allerdings geändert, als neue theoretische Ergebnisse vorlagen.

Teller attestiert Oppenheimer Loyalität, stellt aber die Frage, ob er weiterhin der richtige Ratgeber sei, denn er fühlte sich sicherer, **wenn die vitalen Interessen des Landes nicht in seinen Händen lägen** (105). Edward Teller verweist auf die widerspruchsvolle Philosophie Oppenheimers, der sich die Illusion bewahrt habe, die Menschen könnten schließlich politische Vernunft annehmen, wenn man sie geduldig belehrte. Teller selbst steht dagegen auf dem Standpunkt, dass politische Vernunft erst dann zu erwarten sei, wenn die totale Vernichtungskraft von Bomben tiefen Schrecken ausgelöst hätte.

Moralische Skrupel hinsichtlich der Wasserstoffbombe hat Teller nicht als sein Problem angesehen, da für ihn **die Folgen und Anwendungsmöglichkeiten, die in einer Entdeckung stecken**, nicht voraussehbar seien. Ähnlich wie Oppenheimer, der zwar die moralische Dimension aus der Befragung heraushalten wollte, ist auch Teller nicht an einer ethischen Beurteilung des Projekts interessiert. Er vertritt die Auffassung, **daß Entdeckungen weder gut noch böse sind, weder moralisch noch unmoralisch, sondern nur tatsächlich** (108). Wie sehr sich auch Teller gegen moralische Bewertungen sträubt, zeigt, dass der Tod von 23 japanischen Fischern, die in ein radioaktives Schneegestöber geraten waren, lediglich zum Einsetzen einer Kommission, keinesfalls aber zu Gefühlsregungen bei ihm geführt zu haben scheint. Gegen Ende seiner Ausführungen vor dem Untersuchungsausschuss weist Teller darauf hin, dass Fortschritt bislang nur möglich gewesen sei, **weil die Entdecker die Folgen ihrer Entdeckung nicht fürchteten** (110).

Hans Bethe, der als nächster Zeuge gehört wird, schätzt Teller als einen **geniale[n] Bursche[n], voller glitzernder Ideen** und als ein Genie ein, das allerdings jemanden brauche, **der seine Ideen sortiert** (112). Oppenheimer nimmt in seiner Einschätzung eine Ausnahmestellung ein: **Er war der einzige Mann, der Los Alamos zum Erfolg führen konnte.** Bethe bestreitet, dass moralische Skrupel Oppenheimers und anderer Wissenschaftler zum vorläufigen Ende des **Super-Programms** (113) geführt hätten, bestätigt allerdings, dass durch Hiroshima die Folgen der Waffen von den Wissenschaftlern mitzubedenken waren. Auch er habe Skrupel gehabt. Eine Beeinträchtigung der Entwicklung der H-Bombe durch Oppenheimer sieht Bethe nicht. Er bescheinigt ihm ausdrücklich Loyalität zu den Vereinigten Staaten und geht sogar so weit, ihn als **regierungsfromm** (117) einzustufen. Bethe glaubt, dass es falsch gewesen sei, die ›Super‹ zu entwickeln, und sieht als Alternative zum gemeinsamen Selbstmord der beiden Machtblöcke nur noch die Möglichkeit, **das Ding wieder aus der Welt [zu] schaffen** (119).

David Tressel Griggs, Chefwissenschaftler der Air Force, berichtet dem Untersuchungsausschuss von einer **lautlose[n] Verschwörung gegen die Super** (121). Die Gruppe von Wissenschaftlern, die die ›Super‹ verhindern oder ihre Entwicklung verzögern wollte, sei von Dr. Oppenheimer dirigiert worden. Auf einer strategischen Konferenz im Jahr 1951 habe er den Schlüssel zu den merkwürdigen Handlungen Oppenheimers bekommen: Als Dr. Rabi den Code ZORC an die Tafel schrieb, glaubte er, damit die Gruppe aus Zacharias, Oppenheimer, Rabi und Charlie Lauritzen identifizieren zu können. Griggs bezeichnet Oppenheimer als ein sehr großes Sicherheitsrisiko.

Nach Griggs erscheint mit Rabi einer der vier Männer aus der ZORC-Gruppe und bringt unverhohlen seine Solidarität mit Oppenheimer zum Ausdruck. Oppenheimer habe sich aus technischen Gründen gegen das H-Bomben-Projekt gewendet. Rabi ordnet Griggs sehr schnell als Marionette – in diesem Fall der Air Force – ein und stellt zu der von Griggs zur Sprache gebrachten Vista-Konferenz fest, dass man seinerzeit der Air Force die Dummheit habe ausreden wollen, die zukünftige Landesverteidigung sei mit strategischen H-Bomber-Flotten zu bestreiten. Rabi widerspricht dem vorher von Edward Teller vorgebrachten Vorwurf, der Wissenschaftsrat mit Dr. Oppenheimer sei gegen ein zweites Laboratorium gewesen. Im Übrigen halte er Oppenheimer für den loyalsten Menschen, den er kenne. Auf die Frage, wie er denn die Tatsache beurteile, dass Oppenheimer die Sicherheitsbehörden bei einem ernsten Spionageverdacht wissentlich belogen habe, differenziert Rabi: Damals sei ihm dieses Verhalten töricht erschienen; heute überrasche es ihn nicht mehr, nachdem er erlebt habe, was **mit unschuldigen Menschen geschehen** sei (129). Mit Empörung äußert sich Rabi schließlich grundsätzlich zum Fall Oppenheimer: Er hält das Verhör für demütigend, die ganze Angelegenheit für **eine schlechte Show** (130). Am Ende wird die tiefe Besorgnis Rabis deutlich.

8. Szene

Die vorletzte Szene liefert die Plädoyers. Robb, der Anwalt des Untersuchungsausschusses, gesteht zu Anfang seiner Ausführungen ein, dass er den tragischen Aspekt in den Widersprüchen und Konflikten fühle. Er sei, so führt er aus, zur Überzeugung gekommen, dass Oppenheimer seine Verbundenheit zum Kommunismus nie aufgegeben habe, selbst wenn sein Enthusiasmus irgendwann erkaltet sei. Die These, Oppenheimer habe durch seine großen Verdienste um die Entwicklung der Atombombe seine totale Loyalität bewiesen, kann Robb nicht teilen und weist auf dessen Skrupel während der Projektierung der Wasserstoffbombe hin. In Anknüpfung an Teller stellt Robb fest, dass Oppenheimer den Interessen des Landes bei allem guten Willen nicht genützt, sondern geschadet habe. Oppenheimers Tragik liege, so führt er erklärend fort, im Widerspruch zwischen seiner unbewussten Loyalität **den utopischen Idealen einer internationalen klassenlosen Gesellschaft** gegenüber und seiner gewollten Loyalität gegenüber den USA. Das Vorgehen Oppenheimers sei **Gedankenverrat** (135). Abschließend stellt Robb die ganze Angelegenheit in einen allgemein politischen Rahmen und postuliert für die USA nachdrücklich **eine Stärkung [ihrer] wirtschaftlichen, [ihrer] militärischen [und ihrer] politischen Macht** (136). Man sei nunmehr so weit, erkennen zu müssen, dass die Freiheit der Amerikaner ihren Preis habe. Es sei nicht möglich, selbst dem verdienstvollsten Menschen darauf einen Rabatt zu gewähren. Robb plädiert dafür, Dr. Oppenheimer die Sicherheitsgarantie nicht mehr zu erteilen. Oppenheimers Verteidiger Marks stellt gleich zu Beginn seines Plädoyers fest, dass das Verfahren keine Fakten erbracht habe, die die Loyalität seines Mandanten in Zweifel zögen. Oppenheimers Sympathien für linke und kommunistische Ideen habe im Übrigen der Haltung vieler, möglicherweise sogar der der meisten intellektuellen entsprochen. Die These von der **Verzögerung der Super durch Oppenheimers zu geringe Begeisterung** bezeichnet Marks als einen absurden Mythos und sagt: **Oppenheimer hat seine beste Absicht zu einem schlechten Dringlichkeitsprogramm gegeben. […] Ich sehe nicht, wie man sich korrekter und loyaler verhalten kann.** (139) Auf die von Robb eingeführte **Kategorie des Gedankenverrats** eingehend meint Marks, wenn man dies einbringen würde, würde man **nicht nur die wissenschaftliche Laufbahn eines großen Amerikaners zerstören, sondern auch die Grundlagen unserer Demokratie.** (140) Zur Unterstützung dieser Absicht greift Marks auf einen von Oppenheimer verfassten Zeitungsartikel zurück. Dort hatte der Angeklagte bereits auf den Zusammenhang zwischen politischer und wissenschaftlicher Freiheit hingewiesen.

9. Szene

Die Schlussszene vermittelt die letzte Ausschusssitzung mit der Urteilsverkündung durch den Vorsitzenden Gray. Der Tenor des abschließenden, von Morgan und Gray getragenen Mehrheitsberichts ist Skepsis an der zukünftigen Zuverlässigkeit Oppenheimers. Als Konsequenz aus diesen Zweifeln fordern beide, Oppenheimer das weitere Vertrauen zu entziehen. Ein Zusatz von Gordon Gray rückt das ganze Verfahren in ein Zwielicht: Er vertritt die Auffassung, dass ohne die vorgeschriebenen **starren Regeln und**

Maßstäbe (143) ein anderes Ergebnis, eine andere Beurteilung Oppenheimers möglich gewesen wäre.

Evans, das dritte Ausschussmitglied, bringt in seinem Minderheitenvotum sein absolutes Vertrauen in Oppenheimers Loyalität zum Ausdruck. Seine Stellungnahme endet mit dem Satz: **Moralische und ethische Bedenken der Entwicklung einer Waffe gegenüber müssen die Interessen Amerikas nicht verletzen, und es ist vernünftig, die Folgen einer so folgenreichen Entwicklung rechtzeitig zu beenden.** (144) Nach Evans' Ausführungen stellt der Vorsitzende Gray nochmals das Mehrheitsurteil fest, das auf die Empfehlung hinausläuft, **die Sicherheitsgarantie an Dr. Oppenheimer nicht zu erteilen.** (145)

Danach spricht Oppenheimer das von ihm selbst erbetene Schlusswort, in dem er anfangs bekennt, dass sich während des Hearings seine Haltung zu größerer Offenheit hin gewandelt habe.

Oppenheimer nimmt den Begriff des ›Gedankenverrats‹ auf, bringt ihn allerdings in einen anderen, grundsätzlicheren Zusammenhang: Er frage sich, so Oppenheimer, ob die Wissenschaftler den Geist der Wissenschaft nicht wirklich verraten hätten, als sie ihre Forschungsarbeiten den Militärs überließen, **ohne an die Folgen zu denken** (146). Selbstkritisch und skeptisch ist Oppenheimers Bestandsaufnahme hinsichtlich der augenblicklichen Situation wie auch bezüglich des weiteren Weges der Physiker.

Dann wirft Oppenheimer die Frage auf, ob nicht die Physiker ihren Regierungen gelegentlich eine zu große, zu ungeprüfte Loyalität wider bessere Einsicht geschenkt hätten. Er hat das Gefühl, von den Militärs ausgenutzt worden zu sein: **Wir haben die besten Jahre unseres Lebens damit verbracht, immer perfektere Zerstörungsmittel zu finden [...]** (147), und er macht das gerade verkündete Urteil durch seinen eigenen Verzicht auf die Mitarbeit an Kriegsprojekten überflüssig. Am Ende formuliert Oppenheimer ein nachdrückliches Bekenntnis zur Freiheit von Forschung und Wissenschaft wie auch das eigentliche Aufgabenfeld der Wissenschaftler.

4.2 Strukturelemente des Stückes

Angesichts der Tatsache, dass Kipphardt ausdrücklich Bezug auf die Originalprotokolle des Oppenheimer-Hearings nimmt, kann man bei diesem Stück schwerlich die klassischen Strukturelemente des Dramas (Exposition, steigende Handlung, Höhepunkt, fallende Handlung, Katastrophe/Lösung o. Ä.) zur Beschreibung heranziehen. Dies widerspräche auch der dokumentarischen Absicht, die ihrerseits aber doch eigene Bau- und, wenn man einen alten, zentralen Wirkungsaspekt mit berücksichtigt, auch Spannungselemente beinhaltet.

4.2.1 Szenen und Zwischenszenen

Betrachtet man den formalen Aufbau des Oppenheimer-Stückes, ergibt sich folgendes Bild:

1) S. 7– 20: 1. Szene
2) S. 20– 22: 1. Zwischenszene
3) S. 22– 26: 2. Szene
4) S. 26– 27: 2. Zwischenszene
5) S. 27– 33: 3. Szene
6) S. 33– 34: 3. Zwischenszene
7) S. 34– 41: 4. Szene
8) S. 41– 42: 4. Zwischenszene
9) S. 43– 47: 5. Szene
10) S. 47– 48: 5. Zwischenszene
11) S. 48– 78: 6. Szene
12) S. 78–131: 7. Szene
13) S. 131–141: 8. Szene
14) S. 141–147 9. Szene

(Bei den Seitenangaben wird davon ausgegangen, dass als Szenenbeginn jeweils die entsprechende vorbereitende Projektion gesetzt wurde.)

Betrachtet man diese Zusammenstellung, wird deutlich, dass die ersten sechs Szenen durch so genannte Zwischenszenen unterbrochen werden, die – wenn man sie näher untersucht – hinsichtlich Inhalt und Ton einen eigenen Charakter haben. Sie unterbrechen und ergänzen den Ablauf des Oppenheimer-Hearings.

Während es im Hearing fast durchgehend um das Erfragen von Einzelheiten und Zusammenhängen, mithin also um so etwas wie ›Informationsgewinnung‹ geht, kommentieren die Zwischenszenen eher, legen Zweifel, Probleme, aber auch ganz persönliche Meinungen dar. So zeigt die *erste Zwischenszene* beispielsweise, wie sich Robbs Einstellung gegenüber Oppenheimer wandelte, wie aus dem **Idol** ein **Rätsel** wurde (21). Diese Feststellung kann durchaus auch als auf den Zuschauer gerichtet verstanden werden, d. h. sein Interesse für Oppenheimer wecken. Außerdem führt Robb in dieser Zwischenszene das Problem der Unzulänglichkeit von Fakten vor Augen und postuliert gleichzeitig die Einbeziehung von Gedanken, Gefühlen und Motiven, d. h. **das ganze Archiv des intimen Haushalts einer Person, um zu einem sicheren Urteil zu kommen** (22). Damit wird der Zuschauer auf Passagen des Verhörs vorbereitet, die deutlich in die Privatsphäre Oppenheimers eindringen.

Die *zweite Zwischenszene* greift mit der Loyalität einen zentralen Begriff aus der zweiten Szene auf und problematisiert ihn. Es ist Evans, auf dessen besondere Rolle noch einzugehen sein wird, der reflektiert, inwieweit noch mehr **Unterwerfung** unter den **Totalitätsanspruch des Staates** (26) gefordert werde. Außerdem bringt Evans hier die Idee des Beherrschens ein und unterscheidet das aktive Beherrschen der Natur durch den Menschen und das passive Beherrschtwerden durch staatliche Apparate. Wie im Herrschen sieht Evans auch in der Entwicklung technischer Instrumente wie elektronischer Überwachungssysteme den Zwiespalt von positivem Anwenden und passivem Zum-Opfer-Fallen. In diesem Zusammenhang stellt er die Frage nach der Berechtigung von Normen. Nachdem Morgan seine Erwartung ausgedrückt hat, dass nach ein bis zwei Generationen ein Typ von Wissenschaftler zu erwarten sei, **der sich den wirtschaftlichen und staatlichen Erfordernissen angepaßt hat,** erneuert Evans seine Skepsis und fragt abschließend: [...] **wie soll das weitergehen?** (27) Mit diesen Überlegungen werden die im Oppenheimer-Hearing sich entwickelnden Sachverhalte auf eine allgemeine Ebene gebracht und grundsätzlich, d.h. losgelöst von der Person Oppenheimer, problematisiert. Das Allgemeine, um das es Evans in der zweiten Zwischenszene geht, kündigt sich schon in seinen ersten Sätzen an: **Ich hätte das hier nicht mitmachen sollen. Ich bringe sie mit meinen Vorstellungen von Wissenschaft nicht überein, diese Verhöre** [...]. (26)

Mit der *dritten Zwischenszene* verfolgt KIPPHARDT ähnliche Ziele: Einerseits wird hier die Problematik des Begriffs ›Tatsachen‹ angerissen, andererseits wird auch hier eine Verlagerung vom Besonderen (Fall Oppenheimer) auf das Allgemeine vorgenommen. So stellt Garrison fest, es gehe nicht um Tatsachen, sondern um Oppenheimer als **politisches Exempel**, und Marks ergänzt: **Um Unterwerfung der Wissenschaft, Einschüchterung jedes Einzelnen** [...]. Anknüpfend an Garrisons skeptische Äußerung **Wenn es um Tatsachen ginge, wenn es um Argumente ginge** [...] und sein verstärkendes, zu Oppenheimer gesprochenes **Wenn es nur um Sie ginge** [...] äußert Marks seine Zweifel: **Ein faires Verfahren?** [...] **Soll der moderne Staat der totale Überwachungsstaat sein?** (33 f.) Damit werden Gedanken und Fragen aus den vorangegangenen Zwischenszenen wieder aufgenommen, vertieft und verstärkt und versetzen den Zuschauer in eine kritische Distanz dem Verhör gegenüber. – Der in dieser Zwischenszene von Oppenheimer geäußerte Schlussgedanke erhält durch seine Doppeldeutigkeit eine Brisanz durch sein provokatives Potenzial: Wenn Oppenheimer sagt, er **glaubt nicht an die vernünftige Reaktion dieser überreizten und fehlinformierten Öffentlichkeit** (34), so ist diese Skepsis nicht nur textimmanent zu verstehen, d.h. hinsichtlich der Öffentlichkeit zur Zeit des Oppenheimer-Hearings, sondern auch in Bezug auf die literarische Öffentlichkeit, d.h. auf die Theater- oder Filmzuschauer bzw. die Leser. Mit diesem Satz, der also auch als eine direkte Ansprache an das Theaterpublikum aufgefasst werden kann, versucht KIPPHARDT die Distanz des Publikums gegenüber dem Stück zu vergrößern. Allerdings wird hier auch eine Distanzierung des Zuschauers von sich selbst aufgebaut.

Die *vierte Zwischenszene* nimmt in der Reihe der fünf Zwischenszenen eine Sonderstellung ein. Hier erfolgt eine indirekte Vermittlung dessen, was gesagt werden soll: Rolander erscheint zwar auf der Bühne, spricht aber zunächst nicht selbst, sondern hört ein Tonband mit seiner Stimme ab, bevor er dann weiter auf Band diktiert. Das Tonband ist bzw. wird durch das Besprechen auf den ersten Blick zu einem Dokument. Bei näherer Betrachtung stellt sich aber die Frage, an wen Rolander sich hier richtet, d.h. für wen dieses Band bestimmt sein könnte. Wesentlich in dieser vierten Zwischenszene ist, dass Rolander eine Zielvorgabe für die weiteren Befragungen liefert (42, Mitte). Außerdem formuliert er Rechtfertigungen für die Sicherheitsbestimmungen, die den Prozess prägen. Sowohl die Zielvorgabe als auch die Begründungen vermitteln dem Zuschauer eine grundsätzliche Position. Durch diese ›dokumentarische‹ Positionsvermittlung wird für die sich anschließende Befragung ein Maßstab vorgegeben. Der in der fünften Szene fragende Rolander kann an seinen Äußerungen in der vierten Zwischenszene gemessen werden.

Die *fünfte und letzte Zwischenszene* hat eine vorrangig kommentierende Funktion. Sie stellt die Frage, ob der Verteidigungsminister sich einmischen und die Wissenschaftler stören müsse, und reduziert damit das Interesse des Zuschauers auf ein Kernproblem, nämlich das Verhältnis zwischen Politik und Wissenschaft. Anschließend wird zwar wieder auf den konkreten Fall Bezug genommen (Morgan: **Es ist überhaupt zuviel, zu allgemein von Oppenheimers politischem Hintergrund die Rede […] [47]**), aber diese Bezugnahme führt schließlich auch zum Grundsätzlichen. Am Ende von Morgans Überlegungen steht die Maxime: **Die subjektiven Ansichten eines Physikers, so extrem sie sein mögen, sind seine Privatsache, solange sie in seiner objektiven Arbeit nicht erscheinen. Diese Trennung berührt die Prinzipien unserer Demokratie.** (48) Mit dieser Maxime wird einmal mehr KIPPHARDTS Bemühen deutlich, eine historische Begebenheit im Sinne Hegels auf ihren ›Kern und Sinn‹ zu reduzieren.

Betrachtet man die Zwischenszenen insgesamt, so lässt sich zusammenfassend feststellen, dass sie dem Oppenheimer-Prozess den Rang des Exemplarischen verleihen. Sie dienen dazu, die im Fall Oppenheimer auftretenden Phänomene und Probleme zu isolieren, dem Zuschauer zu verdeutlichen und zu vertiefen und ihm Denkanstöße zu geben. Der Zuschauer wird auf den ›Kern‹ der Sache gestoßen. In den Zwischenszenen treten die Figuren teilweise aus den Rollen, die sie im Hearing spielen, heraus, gehen auch auf Distanz zu diesen Rollen und verdeutlichen auch damit ihr eigenes Eingebundensein in die Eigengesetzlichkeit dieses Prozesses.

4.2.2 Die Figur Rabis

Mit den Zwischenszenen 1–5 ist dem Betrachter ein Korrektiv zum Prozessgeschehen an die Hand gegeben, das ihm für den Rest des Stückes eine kritische Perspektive ermöglichen soll. In der fünften und letzten Zwischenszene endet allerdings dieser Schachzug KIPPHARDTS nicht, sondern verlagert sich in die Szenen selbst. Das Herausfiltern des Sinns und Kerns, d. h. des Allgemeinen aus dem Fall Oppenheimer, erfolgt immanent und ohne formale Trennung. Besonders deutlich wird dieses Anliegen des Stückes in dem Auftritt der Figur Rabi. Die von KIPPHARDT in den Regieanweisungen geforderte Scharfzüngigkeit (125) ist teilweise eine Doppelzüngigkeit. Wenn Rabi gleich am Anfang seines Auftritts sagt: **Sie werden alle nach Hause wollen** (125), so geht diese Äußerung nicht nur an die Ausschussmitglieder, son-

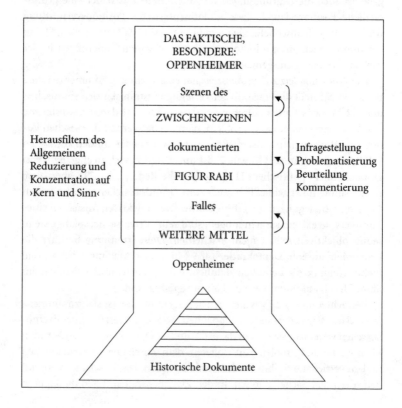

dern gleichzeitig auch an die Zuschauer. Nicht nur dieser einzelne Satz, sondern auch Rabis legeres Auftreten und seine saloppe Sprache irritieren den Zuschauer und scheinen die Ernsthaftigkeit des Oppenheimer-Prozesses infrage zu stellen. Andererseits aber schafft gerade Rabi durch seine Feststellung: [...] **ich könnte ganz gut an seiner Stelle sein** [...] (125) eine erneute Relativierung des Falles Oppenheimer, d. h. eine Verlagerung vom Besonderen dieser Affäre zum Allgemeinen. Rabi wiederholt dies gegen Ende der siebten Szene, indem er sagt: [...] **jeder von uns kann morgen an der Stelle von Dr. Oppenheimer sein.** Rabi ist es auch, der schließlich unverblümt das Dilemma des Ausschusses und damit die Fragwürdigkeit des gesamten Oppenheimer-Hearings offenlegt, wenn er feststellt: **Sie hätten eine Anklageschrift verlangen müssen, die unloyale Handlungen behauptet, nicht unbequeme Ansichten.** (131)

Mit der Figur Rabis findet sich in KIPPHARDTS Stück ein Struktur bildendes Gestaltungselement, das die Linie der fünf Zwischenszenen fortsetzt, die Ebene des Faktischen des Oppenheimer-Falles durchbricht und den Zuschauer mit den allgemeinen Kernproblemen konfrontiert. Gleichzeitig wird das ›Faktische‹, der dokumentarische Prozess, infrage gestellt.

4.2.3 Textprojektionen und Lautsprechermitteilungen

Neben den dargestellten Strukturelementen von Szene und Zwischenszene, die zu einer Gegenüberstellung von Handlung des Hearings, Fakten des Falles Oppenheimer einerseits und Kommentierung, Problematisierung dieses besonderen Falles zu einem allgemeinen Phänomen andererseits führen, lassen sich besonders auffällige technische Mittel unterscheiden, die letztlich auch strukturbildend sind.

Textprojektionen und Lautsprechermitteilungen kündigen jeweils neue Szenen an und präsentieren vorab in Kurzform Inhalt und Kernproblem der kommenden Szene. Dabei wird ausdrücklich auf das historische Verhör Bezug genommen und somit der dokumentarische Charakter des Stückes verdeutlicht: **Ein Ausschnitt aus dem Verhör des 2. Tages** (22), **Aus dem Verhör des 3. Tages** (27), **Aus dem Verhör des 5. Tages** (34). Diese stereotypen Einleitungen tragen auch zu einer zeitlichen Strukturierung bei und werden vor der siebten Szene unterbrochen, wo auch ein inhaltlicher Einschnitt liegt. Nachdem es zunächst um Oppenheimers Zuverlässigkeit im Zusammenhang mit der Atombombe ging, wird in der siebten Szene sein Verhalten im Zusammenhang mit der Wasserstoffbombe überprüft. Projektion und Lautsprecherdurchsage werden in dieser Szene in den Auftritt hineinverlagert und bekommen schon durch ihre Platzierung eine besondere Bedeutung, die die Gewichtigkeit des Inhalts unterstreicht: Das Verhör wird in seiner entscheidenden Phase gezeigt und die angekündigte Alternative: **Loyalität einer Regierung gegenüber, Loyalität gegenüber der Menschheit** (80) macht dem Zuschauer wiederum im Vorhinein das Kernproblem bewusst (vgl. auch 22, 27, 34, 42, 48, 131, 141). Somit ergibt sich für Projektionen und Lautsprecherdurchsagen eine Mehrfachfunktion:

1. Sie tragen zur *formalen Strukturierung* bei, indem sie den Anfang einzelner Szenen bewusst machen.
2. Sie liefern eine *zeitliche Strukturierung,* die sich auf den dokumentierten historischen Fall Oppenheimer bezieht.
3. Sie verdeutlichen den dokumentarischen Charakter des Stückes, indem sie auf KIPPHARDTS Vorlage, das Protokoll des Hearings, verweisen.
4. Sie *desillusionieren den Zuschauer,* indem sie durch die Nennung von Kernproblemen einer zu erwartenden Szene sein Interesse von den historischen ›Tatsachen‹ auf den Kern und Sinn dieser ›Fakten‹ lenken.
5. Durch diese Hinführung zum Allgemeinen tragen sie zur *Aktualisierung* der im Fall Oppenheimer gezeigten Phänomene bei und regen den Zuschauer somit zu *kritischer Reflexion* an.

4.2.4 ›Protokoll‹ und ›Kreuzverhör‹

Zu den unauffälligeren Textkonstituenten, die Ähnliches leisten, zählen zwei häufig vorkommende Wörter, die auf den ersten Blick einfach für den von KIPPHARDT übernommenen Handlungsrahmen eines Verhörs konstitutiv sind und ihn strukturieren: Protokoll und Kreuzverhör. Andererseits hemmen sie jedoch den Fluss der Befragung, verhärten die Lebendigkeit der Wechselrede zur Schriftlichkeit, indem sie die Notwendigkeit von evtl. widersprüchlichen Resultaten deutlich machen, und offenbaren dem Zuschauer den exemplarischen, rituellen Charakter des Gezeigten.

4.3 Die polare Figurenkonstellation

Im Zentrum des Interesses steht die Figur J. Robert Oppenheimer, auf die später noch einzugehen sein wird. Oppenheimer muss, wenngleich er auch das Schlusswort hat, hier im Wesentlichen zunächst als Objekt begriffen werden, da sein Verhalten durch die Formalitäten des Hearings fremdbestimmt ist. Die Figuren, die den Verlauf wie auch den Charakter der Anhörung von Amts wegen entscheidend prägen müssen, sind Gordon Gray, Ward V. Evans und Thomas M. Morgan, d. h. die *Mitglieder des Sicherheitsausschusses.* Während *Grays* Position als Vorsitzender dieses Gremiums immer wieder durch entsprechende Anreden (›Herr Vorsitzender‹) bestätigt wird und damit fast außer Zweifel steht, während *Morgan* sich im Verhör pflichtbewusst an der Wahrheitsfindung zu beteiligen scheint und nur in der fünften Zwischenszene eine kritische Distanz zum Verfahren zeigt (47 f.), nimmt das Ausschussmitglied *Evans* eine Sonderstellung ein. Sein

Verhalten sticht in vielerlei Hinsicht klar von dem seiner Ausschusskollegen ab: Evans macht verschiedentlich ehrlich und unverblümt die eigene Unkenntnis, aber auch Ratlosigkeit und Unbekümmertheit deutlich. So stellt er fest, dass er nichts von Kernphysik verstehe (10), verweist auf das für ihn Ungewohnte (12), gesteht eigene Verwirrung und Ungeübtheit ebenso ein (19) wie seine Verwunderung, seine Unfähigkeit, eine Erklärung zu finden, und seine Unwissenheit (46). Interessanterweise bringt ausgerechnet Evans mit der zuletzt angeführten Reihe von Eingeständnissen Oppenheimer dazu zuzugeben, das KAPITAL von MARX nie verstanden zu haben. Das bedeutet, dass Evans, der in der Schlussphase der vierten Szene das Gespräch bestimmt, durch das Bekennen eigener Schwächen es offenbar Oppenheimer ermöglicht, selbst eine Schwäche zu zeigen.

Evans' Reaktion darauf ist ebenfalls typisch: Die von ihm hergestellte Verbindung von KARL MARX **mit einem bestimmten nervlichen Schmerz** (47) sorgt für Gelächter, so wie er auch anderswo Heiterkeit in die förmlichernsthafte Atmosphäre des Hearings hineinbringt (u. a. 20, 68: **Wer sind die Nashörner?**). Andererseits zeigt sich Evans nicht nur mit seinen offenen und ehrlich bekannten Schwächen und mit seinem Humor, sondern auch mit großer Ernsthaftigkeit (107 ff.), persönlicher Betroffenheit und kritischem Verantwortungsbewusstsein (26 f.). Sein Minderheitsvotum in der Schlussszene (144) hat sich auf der Grundlage einer menschlichen, kritischen Distanz entwickelt. Sein Schlusssatz: **Moralische und ethische Bedenken der Entwicklung einer Waffe gegenüber müssen die Interessen Amerikas nicht verletzen, und es ist vernünftig, die Folgen einer so folgenreichen Entwicklung rechtzeitig zu bedenken**, betont das verantwortungsvolle Vorausschauen des Wissenschaftlers und ist auf dem Hintergrund der Überlegungen in der zweiten Zwischenszene (26) nur verständlich und konsequent.

Der Vorsitzende Gray erfüllt anschließend seine letzte Pflicht im Rahmen der Anhörung, indem er formelhaft die Empfehlung an die Atomenergiekommission ankündigt, Oppenheimer die Sicherheitsgarantie zu versagen. Allerdings muss man Grays Position auf dem Hintergrund seines Zusatzes zum Mehrheitsbericht sehen, wo er seine Skepsis gegenüber dem Anhörungsergebnis angesichts der eingeschränkten, schmalen Beurteilungsgrundlage zum Ausdruck bringt. (143)

Zusammenfassend lässt sich feststellen, dass der Sicherheitsausschuss eine eher inhomogene Gruppe ist, aus der die Figur Evans besonders herausragt.

Hinsichtlich der übrigen Figuren ergibt sich eine *Polarisierung in zwei Lager*, die sowohl die Gruppe der Anwälte als auch die der Zeugen betrifft, welche jeweils entweder Oppenheimer anklagen oder ihn verteidigen. In einem grafischen Schaubild zeigt sich folgende Grundkonstellation:

```
        SICHERHEITSAUSSCHUSS:
         Gordon Gray (Vorsitzender)
        Ward V. Evans    Thomas M. Morgan
```

PRO	KONTRA
Anwälte:	*Anwälte:*
Lloyd K. Garrison	Roger Robb
Herbert S. Marks	C. A. Rolander
OPPENHEIMER	
Zeugen:	*Zeugen:*
Hans Bethe	David Tressel Griggs
John Lansdale	Boris T. Pash
Isadore Isaac Rabi	Edward Teller

Die hier verdeutlichte Polarität ergibt sich aus den Einschätzungen, die die jeweiligen Figuren von Oppenheimer vornehmen, und mündet in die gegensätzlichen Plädoyers von Anklage (Robb: 132–137) und Verteidigung (Marks: 137–140) sowie schließlich in die sich gegenüberstehenden Voten der *Ausschussmehrheit* (Gray, Morgan) und der *Ausschussminderheit* (Evans). Somit ist die Urteilsfindung nicht einmütig, am Ende der Arbeit des Untersuchungsausschusses steht zwar ein Mehrheitsurteil, das aber nicht über die gegensätzlichen Einschätzungen und Empfehlungen von Mehrheit und Minderheit hinwegtäuschen kann. Selbst wenn KIPPHARDT am Ende seines Stückes die Figur Oppenheimer auftreten lässt, so ist die Vermutung, er lasse die gegensätzlichen Linien in der Titelfigur zusammenlaufen, illusorisch. Das Polaritätsprinzip bleibt im Schlussauftritt Oppenheimers erhalten, denn der Angeklagte stellt in seinem Schlusswort Vergangenheit und Gegenwart gegenüber, indem er seine Verteidigungsbereitschaft zu Beginn des Hearings mit seinem höheren Reflexionsstand am Ende vergleicht. Weitere Gegensätze, die in Oppenheimers Ausführungen deutlich hervortreten, sind beispielsweise folgende Begriffspaare: offen – Geheimnisstufe (145); Schrecken/Todesängste – Hoffnung; Hoffnung – Wirklichkeit; Vernichtungswaffen/Vernichtung dieser Erde – schöpferischer Rang der menschlichen Arbeit (146); Arbeit des Militärs/Arbeit des Teufels – wirkliche Aufgaben (der Wissenschaftler) (147). Auch der Schlussgedanke Oppenheimers verdeutlicht, dass am Ende keine Harmonie im Sinne einer echten Lösung erreichbar ist: Es gibt, so meint er, kein besseres Ziel, als die Welt an wenigen Stellen offen zu halten. Somit reicht die Polarität, die in der Figurenkonstellation besonders zum Ausdruck kommt, bis ans Ende des Stückes.

4.4 Die Figur Oppenheimers

Die Figur J. Robert Oppenheimer, die KIPPHARDT in seinem Theaterstück präsentiert, führt zwar den Namen des historischen Physikers und suggeriert damit und besonders durch das dokumentarische Fundament des Stückes so etwas wie Authentizität. Allerdings trägt sie auch deutlich fiktionale Züge, die sich teilweise schon durch Auswahl und Gewichtung der Dokumente, aber auch durch eigene Zusätze des Autors ergeben. Ein Vergleich des historischen Oppenheimer mit dem Bühnen-Oppenheimer wäre zwar durchaus interessant im Hinblick auf KIPPHARDTS dokumentarisches Verhalten, kann aber selbst in einem Leistungskurs kaum bewerkstelligt werden. Das Ergebnis einer derartigen Gegenüberstellung würde zeigen, dass die Bühnenfigur positiver gezeichnet ist als das historische Vorbild. Die Oppenheimer-Gestalt, die KIPPHARDT in seinem Stück auftreten lässt, ist eine letztlich integre, wenn auch in vielerlei Hinsicht doch zwielichtige, teilweise gespaltene, zumindest widerspruchsvolle Figur. Dies wird nicht nur in der *Fremdcharakterisierung*, sondern auch in Oppenheimers *Selbstdarstellung* deutlich.

4.4.1 Fremdcharakterisierung

Die Fremdcharakterisierung Oppenheimers ist geprägt durch die Kommunikationssituation des Stückes, das Hearing, in dem sich die beiden Seiten der Prozessbeteiligten wie bei Gericht als Ankläger und Verteidiger gegenüberstehen. Wenngleich auch die öffentliche Meinung zu Oppenheimer zum Ausdruck kommt (**das wissenschaftliche Idol Amerikas, die Atombombe, Oppy** [21]; nach einigen Prozesstagen in ›Schlagzeilen‹: **Der Gedankenverräter, der Amerikas Atommonopol zerstört hat; Vater der Atombombe ein Spion?; Der Märtyrer [...]; Oppenheimer, eine amerikanische Affaire Dreyfus** [79]), so dominiert im Stück jedoch das widersprüchliche Bild, das Anklage und Verteidigung entstehen lassen. Wie kontrastreich Oppenheimer präsentiert wird, wird besonders deutlich anhand der Beschreibung seines wissenschaftlichen Konkurrenten Teller einerseits und anhand der Darstellung seines kritischen Kollegen Bethe andererseits, die beide als Zeugen erscheinen. Teller sagt beispielsweise, brillante Ideen seien organisierbar und nicht an einzelne Leute gebunden (99). Bethe führt dagegen über Oppenheimer aus: **Er war der einzige Mann, der Los Alamos zum Erfolg führen konnte.** (113) Gewiss drückt auch Teller eine gewisse Wertschätzung aus, aber eher verhalten: **Ich weiß, daß uns Dr. Oppenheimer sehr geholfen hätte, wenn er sich nur in sein Büro in Los Alamos gesetzt hätte, um dort die Daumen zu drehen. Allein durch das Gewicht seines Ansehens.** (107) Der Kontext macht hier allerdings deutlich, dass es Teller nicht um die

Person Oppenheimer geht, seine Leistungen und Fähigkeiten, sondern lediglich um seinen Namen. Im Endeffekt aber beurteilt Teller ihn ausdrücklich negativ, etwa in seiner Aussage: **Da mir seine Handlungen nach dem Kriege wirr und kompliziert schienen, würde ich mich persönlich sicherer fühlen, wenn die vitalen Interessen des Landes nicht in seinen Händen lägen.** (105) Bethe dagegen führt vorsichtiger aus: Oppenheimer **schien mir ebenso kritisch unentschlossen wie ich selber** (115) und: **Viele von uns kritisierten ihn als zu regierungsfromm.** (117) Auf die Frage, wie Oppenheimer sich in einem Loyalitätskonflikt entscheiden würde, stellt Bethe ihm ein positives Zeugnis aus, indem er klar und unmissverständlich antwortet: **Für die Vereinigten Staaten.** (117) Ein ausdrückliches Respekturteil gibt auch Rabi ab: **[...] wenn es heute eine amerikanische Physik gibt, die nicht mehr nach Europa wallfahrten muß, dann ist dies das Verdienst Oppenheimers und weniger anderer Physiker unserer Generation.** (130) Das zuvor deutlich gewordene negative Bild, das Teller von Oppenheimer zeichnet, wird im Übrigen von Bethe erklärt, als Garrison ihn nach Spannungen zwischen Teller und Oppenheimer fragt. Bethes erster Satz dazu lautet: **Sie mochten sich nicht.** (113)

Die Fremdcharakterisierung Oppenheimers kulminiert in ihrer Gegensätzlichkeit in den beiden Schlussszenen, wo Anklage und Verteidigung in ihren Plädoyers in den Schlussempfehlungen (Evans könnte man durchaus der für Oppenheimer sprechenden Gruppe zuordnen) das jeweils ihnen eigene Gesamtbild darlegen.

4.4.2 Selbstdarstellung und Kontrastfiguren

Der wissenschaftliche bzw. berufliche Werdegang des historischen Oppenheimer führte vom Geisteswissenschaftler zum Naturwissenschaftler, und diese Polarität weist auch KIPPHARDTS Oppenheimer deutlich auf: Einerseits zeigt er sich als nüchterner Naturwissenschaftler, der Ereignisse ohne Emotionen als Sachverhalte darstellt (u. a.: **Die Insel Elugelab im Pazifik war in zehn Minuten verschwunden.** [84]). Andererseits erweist sich der ehemalige Geisteswissenschaftler als literarisch gebildet und bringt durch seine Zitate gerade doch seine eigene Betroffenheit zum Ausdruck, wenn auch auf indirektem Weg. Sehr unterschwellig und nicht für jedermann erkennbar erfolgt dies in seinem Urteil: **Die Welt ist auf die neuen Entdeckungen nicht eingerichtet. Sie ist aus den Fugen.** (14) Hier bringt Oppenheimer seinen eigenen Schrecken mit einem Shakespeare-Zitat zum Ausdruck.[27] Inwieweit man ihn mit Hamlet, auf den er hier anspielt, vergleichen kann, wäre zu untersuchen. Offensichtlicher wird die Funktion von Zitaten, als Oppenheimer zunächst sachlich-nüchtern sein Erlebnis der ersten Atombombenexplosion beschreibt, dann aber von zwei Versen aus dem Gesang der Hindus spricht, an die er sich dabei erinnert habe und die er schließlich zitiert: **Wenn das Licht aus tausend Sonnen / am Himmel plötzlich hervorbräche, / das wäre der Glanz des Herrlichen.**[28] Und: **Ich bin der Tod, der alles raubt, / Erschütterer der Welten.** (94) Auch hier ist die Betroffenheit Oppenheimers eine vermittelte. Ähnliches gilt im Übrigen auch für seine Reaktion auf die Streichung der japanischen Stadt Kioto von der Liste möglicher Ziele für einen ersten Atombombenabwurf. Seine Erleichterung scheint sich dadurch zu ergeben, dass Kioto eine berühmte Tempelstadt, d. h. ein kulturell wichtiger Ort, war. Von den Einwohnern spricht Oppenheimer hier nicht ausdrücklich (12 f.).

Seine moralischen Skrupel verbindet er anschließend aber doch mit dem Schicksal von Menschen, denn seine Bedenken rühren von 70 000 Menschenleben her, die der ersten Atombombe zum Opfer fielen (13 ff.). Zu den Feststellungen Oppenheimers, die zeigen, wie weit seine Betroffenheit in Wirklichkeit geht, zählen die folgenden: **Wir Wissenschaftler sind in diesen Jahren an den Rand der Vermessenheit geraten. Wir haben die Sünde kennengelernt.** (16) Und: **Die Möglichkeit, das Leben auf der Erde gänzlich auszulöschen, ist eine neue Qualität. Das Menetekel für die Menschheit ist an die Wand geschrieben.** (82 f.) Sowie am Schluss:

> Wir haben die besten Jahre unseres Lebens damit verbracht, immer perfektere Zerstörungsmittel zu finden, wir haben die Arbeit der Militärs getan, und ich habe in den Eingeweiden das Gefühl, daß dies falsch war. […] Wir haben die Arbeit des Teufels getan, und wir kehren nun zu unseren wirklichen Aufgaben zurück. (147)

Das, was ihm als die eigentliche Aufgabe erscheint, hat nichts mit Politik und Militär zu tun. So ordnet er auch den Atombombenabwurf auf Hiroshima als **eine politische Entscheidung** (11) ein, und seine Grundlage für Empfehlungen junger Wissenschaftler nach Berkeley oder Los Alamos ist die fachliche Eignung, nicht ihre politische Einstellung (43). Seine eigenen politischen Interessen und seine Kontakte zu Kommunisten ordnet Oppenheimer in einen längst vergangenen Lebensabschnitt ein (23 f., 28, 30) und bezeichnet sich selbst als ›Fellow-Traveller‹, als ›Mitreisenden‹ in diesem politischen Umfeld (23 ff.). Damit bringt er die für ihn klare Harmlosigkeit seiner politischen Aktivitäten zum Ausdruck und sieht sich am Ende des Hearings als **Opfer einer […] politischen Konstellation** (145) der Ära McCarthy.

Obwohl Oppenheimer sich selbst als Opfer und die Physiker insgesamt als an einem ›Kreuzweg‹ befindlich ansieht, so erscheint er insgesamt nicht als ein Mensch, den das Verfahren zerstört hätte, sondern als jemand, der zu höherem kritischem Bewusstsein gelangt.

Das souveräne kritische Urteil, das Oppenheimer am Schluss auch über sich selbst abgibt, steht am Ende einer Entwicklung, an deren Anfang er zunächst nicht bereit zu sein scheint, seine Rolle als Einzelner, als persönlich Angeklagter, zu akzeptieren. Dies zeigt sich beispielsweise deutlich in seiner Reaktion auf Robbs Frage: **Aber dem Abwurf der Atombombe auf Hiroshima widersetzten Sie sich nicht?** (13) Oppenheimer antwortet mit dem Plural **wir** worauf Robb nachsetzt: **Ich frage Sie, Doktor, ob *Sie* sich widersetzten?** Dies bewirkt, dass Oppenheimer seine ganz persönliche Position darlegt, dann aber wieder im Plural (**wir, uns**) spricht. Auch im Folgenden wird deutlich, dass der Angeklagte häufig im Plural antwortet (14 ff., 81 ff.). Schließlich scheint ihm das Dilemma selbst bewusst zu werden, wenn er sagt: **Ich glaube, wir wollten sagen – ich wollte sagen, daß es eine bessere Welt wäre, wenn es in ihr keine Wasserstoffbomben geben würde.** (91)

Während Oppenheimer hinsichtlich der Verwendung der Pronomina 1. Person Singular oder 1. Person Plural lange Zeit gedankenlos auf Letzteres zu verfallen scheint, zeigt sich bei ihm andererseits ein hohes Sprachbewusstsein, das sich in einer Reihe von Phänomenen niederschlägt. Überwiegend formuliert Oppenheimer ausgesprochen knappe Sätze, antwortet sachlich und informativ und ist deutlich um Präzision bemüht. Letzteres wird nicht nur in seiner eigenen Sprache deutlich, sondern auch in einer Reihe von Reaktionen auf das, was andere sagen. Vielfach fordert er Präzisierung von seinem Gegenüber, so von Robb: **Was meinen Sie mit ›unterstützen‹?** (11), oder als dieser von **Sünden** spricht: **Ich vermute, wir verstehen etwas Verschiedenes darunter.** (17) Gray bittet er um eine Definition von **geteilte[r] Loyalität** (88). Andererseits korrigiert und präzisiert Oppenheimer seine Vorredner, so etwa, indem er Robbs **überrascht** durch **deprimiert** und **nicht zutreffend** durch **nicht wahr** ersetzt (17 f.) und später dessen **Widersetzen** durch **Verschieben** (92). Oppenheimer ist in Los Alamos mehr und mehr zu einem Funktionsträger geworden, zu einem Diener von Politik und Militär, dem die Freiheit in Forschung und Lehre, aber auch ein großes Stück Verantwortungsbewusstsein verloren gegangen ist. Gerade Freiheit scheint ihm im Grunde ein hohes Gut zu sein: Auf die Frage Robbs, warum er denn nicht in der Zeit, als er so sehr mit den Kommunisten übereingestimmt habe, Mitglied geworden sei, antwortet Oppenheimer: **Weil ich nicht gerne die Gedanken anderer Leute denke. Es widerspricht meiner Vorstellung von Unabhängigkeit.** (29; vgl. auch 9: Oppenheimers Anspielung auf Einstein) Wie sehr ihn die Einschränkung von Freiheit belastet, wird in seiner zynischen Feststellung deutlich: **Es gibt Leute, die bereit sind, die Freiheit zu schützen, bis nichts mehr von ihr übrig ist.** (40) Dieser Position Oppenheimers steht ein Statement des Geheimdienstoffiziers diametral gegenüber: **Wenn wir unsere Freiheit verteidigen wollen, müssen wir bereit sein, auf gewisse Freiheiten zu verzichten.** (65) Dass ein Geheimdienstoffizier und ein Wissenschaftler gegensätzliche Positionen vertreten, liegt in ihren unterschiedlichen Aufgabenbereichen begründet. Indessen zeigt sich nicht nur in der Freiheitsproblematik die Gegensätzlichkeit der Figuren Oppenheimer und Pash. Pash hat im Unterschied zu Oppenheimer keine stringente Ausbildung für seinen Beruf und seine Sprechweise unterscheidet sich deutlich von der Oppenheimers (55 ff.). Die dokumentarisch zu verstehende Bildkassette stellt beide direkt gegenüber (58).

Im Rahmen seiner Überlegungen hinsichtlich der Verhinderung von nationalem Suizid durch Atombomben sagt Oppenheimer: **Und ich setze großes Vertrauen in die schließliche Macht der Vernunft.** (93) Die Vernunft zeigt sich ihm als Bezugsgröße und Hoffnung zugleich, und wenn man ihn selbst betrachtet, so ist Oppenheimer eher ein Mann von vernunftorientierter Nüchternheit, Klarheit und Sachlichkeit als ein Mensch von Emotionen. Oppenheimers Setzen auf die Vernunft steht in Kontrast zu ähnlich ausgerichteten Äußerungen Tellers. Bezug nehmend auf Oppenheimers Philosophie führt er aus:

> [...] Sie schien mir widerspruchsvoll. Ich wunderte mich, wie stark er sich die Illusion bewahrt hatte, die Menschen könnten schließlich politische Vernunft annehmen, wenn man sie geduldig belehrt. So in der Abrüstungsfrage. [...] Ich bin überzeugt, daß sie erst dann politische Vernunft annehmen, wenn sie wirklich tief erschrecken. Erst wenn die Bomben so groß sind, daß sie alles vernichten können, werden sie das tun. (106)

Nicht nur hinsichtlich der Möglichkeit politischer Vernunft sind Oppenheimer und Teller ein Gegensatzpaar, sondern auch in anderer Hinsicht: So stellen sie beispielsweise ihre jeweiligen technischen Errungenschaften in ähnlicher Metaphorik, letztlich aber doch unterschiedlich dar. Der ›Vater‹ der Atombombe sagt zu seinem Werk: **Es ist kein hübsches Kind, und es hat an die hundert Väter, wenn wir die Grundlagenforschung berücksichtigen** (11) und weist die alleinige ›Vaterschaft‹ von sich. Teller, ›Vater‹ der Wasserstoffbombe, ist dagegen weit weniger bescheiden und stellt fest: **[...] es war mein Baby, aber Eltern sind kurzsichtig.** (97)

4.5 Gesamteinschätzung der Figurenkonstellation

Fasst man die Beobachtungen hinsichtlich der Figurenkonstellation zusammen, so kann man Folgendes festhalten:

1. Im Zentrum des Interesses steht die Titelfigur J. Robert Oppenheimer, zugleich Gegenstand des Hearings, Objekt für Anklage und Verteidigung, eine souveräne, aber doch in mancherlei Hinsicht widersprüchliche Figur.
2. Über dem Prozessgeschehen steht die den Sicherheitsausschuss bildende Dreiergruppe mit dem Vorsitzenden Gray und den beiden Mitgliedern Evans und Morgan. Der Ausschuss sorgt für einen geregelten Ablauf, struk-

turiert die Anhörung, kommt zur Urteilsfindung und beendet den Prozess mit der Verkündung des Urteils. Während sich Morgan nicht sonderlich hervortut, äußert sich der Vorsitzende Gray kritisch zu Grundlagen und Ergebnis der Anhörung, vertritt aber mit Morgan zusammen den Mehrheitsbericht, der eine Verweigerung der Sicherheitsgarantie für Oppenheimer empfiehlt. Evans, einziger Wissenschaftler im Ausschuss, stellt sich mit seinem Minderheitenvotum dagegen und ergreift Partei für seinen Wissenschaftskollegen Oppenheimer.

3. Die hier deutlich werdende Polarität betrifft auch die übrigen Figuren, die sich in die Partei der Anklage und die der Verteidigung gruppieren lassen. Sie zeigen Oppenheimer im Spannungsfeld zwischen Vorwurf und Entlastung.

4. Neben diesen Gruppenkonstellationen, die sich um Oppenheimer bilden, werden einzelne persönliche Beziehungen deutlich: Während sein Physikerkollege Edward Teller klar als Konkurrent und Opponent Oppenheimers zu identifizieren ist, zeigt Isadore Isaac Rabi, ebenfalls Physiker, Sympathie und Solidarität mit ihm. Ist Teller der Gegenspieler und Rabi fast ein Freund, so muss man Bethe als den kritischen Kollegen einordnen, der Oppenheimer letztlich zwar das Vertrauen ausspricht, ihn aber doch nicht vorbehaltlos zu unterstützen scheint. Griggs und Pash sind als Vertreter des Sicherheitsdienstes bzw. der Air Force klar in ihre Aufgaben eingebunden und schon dadurch Gegenspieler des Wissenschaftlers Oppenheimer. Lansdale dagegen steht eher aufseiten des Angeklagten.

4.6 Die Sprache des Stückes

Die Sprache, die HEINAR KIPPHARDT in seinem Oppenheimer-Stück verwendet hat, ist eine solche, die man für die nüchtern-sachliche Bestandsaufnahme eines Hearings zu erwarten hat. Sie ist durchaus dokumentarisch und unterstreicht damit Charakter und Anspruch des Stückes. Andererseits finden sich auch Elemente, die man ohne weiteres in den Bereich einer poetischen Sprache einordnen könnte.

4.6.1 Übersetzungsbedingte Unebenheiten

KIPPHARDT hat, um das Dokumentarische seines Textes zu unterstreichen, vielfach den direkten Bezug auf die Protokolle des Hearings von 1954 überbetont. Dies wird an einer Reihe von Formulierungen deutlich, die für die deutsche Sprache doch ungewöhnlich sind und im Kontext als leichte *sprachliche Unebenheiten* erscheinen. So dürfte das von Robb geäußerte **Hieß das nicht *im Effekt*** […] (16) eine zu wörtliche Übersetzung des englischen ›in effect‹ sein, ebenfalls Pashs **Eierköpfe** (55) als Bezeichnung der Intellektuellen vom englischen ›egg-head‹ direkt übernommen sein. Ähnliches steht zu vermuten bei Bethes **Die wissenschaftlichen Ideen waren eine gequälte Sache** (114) oder bei Oppenheimers **ich habe in den Eingeweiden das Gefühl, daß dies falsch war.** (147) Übersetzungsprobleme wie die hier gezeigten sind indessen oft erst bei genauerem Hinsehen zu entdecken und können nicht darüber hinwegtäuschen, dass es KIPPHARDT gelungen ist, seinem Werk auch sprachlich einen weitgehend dokumentarischen Anstrich zu geben.

4.6.2 Unpersönlich-dokumentarische Sprache

Die *unpersönlich-dokumentarische Sprache* macht sich besonders in einigen Schlüsselwörtern bemerkbar, die im Text häufig wiederkehren. Dazu gehören die Anrede **Herr Vorsitzender** (u. a. 9, 18, 25, 32, 39, 55, 66, 72, 95, 120), das Wort **Protokoll** (u. a. 10, 18, 25, 51, 55), das Wort **Kreuzverhör** (u. a. 62, 68, 104, 117, 122, 124), ferner die wiederkehrende Formel des Eides (10, 54, 66, 96, 111, 120), die formelhafte Vorstellung von Ausschussmitgliedern und Zeugen und schließlich die formelhaften Einleitungen am Anfang der achten und neunten Szene. Diese und andere sprachliche Phänomene verleihen dem Stück einen sehr sachlichen, wenn nicht ritualhaften Charakter und unterstützen die Wirkung der von KIPPHARDT vorgesehenen Dokumente, die vielfach als originales Beweis- und Belastungsmaterial eingesetzt werden und dem Vorgang auf der Bühne Authentizität verleihen sollen.

4.6.3 Präzise, technische Faktensprache

Der Charakter des Dokumentarischen, Tatsächlichen wird auch durch eine Sprache gewonnen, die man als *präzise, technische Faktensprache* bezeichnen könnte, die selbst Adjektive und Adverbien überwiegend als wertende Schnörkel vermeidet und sich in weiten Teilen den Ausdruck von Gefühlen versagt. Das faktisch-technische Sprechen kommt beispielsweise in der stereotypen Wiederkehr des Verbs ›verwenden‹ im Zusammenhang mit der Atombombe zum Ausdruck (15). Auch die Verben ›zünden‹, ›werfen‹ (13) oder ›bauen‹ verdeutlichen nüchtern und sachlich technische Vorgänge, ebenso Formulierungen wie ›Demonstration der Bombe‹ (15) oder ›Belasten einer Person mit Kontakten‹ (53). Besonders deutlich wird diese betont sachliche Sprache in Äußerungen Oppenheimers; einerseits in einer schon zitierten Beschreibung des Untergangs der Insel Elugelab im Pazifik (84), andererseits in den dann folgenden Angaben (84 ff.) sowie in seiner Schilderung der ersten Atombombenexplosion, die allerdings in die schon angesprochene Zitierung von Versen aus Hindu-Gesängen einmündet (94). Besonders markant ist eine Äußerung Oppenheimers am Ende des Stückes: **Ich bemühte mich, vollkommen offen zu sein, und das ist eine Technik, die man erlernen muß, wenn man viele Jahre seines Lebens zu anderen Men-**

schen nicht offen war. (145) Die hier vorgenommene Gleichsetzung von menschlicher Offenheit mit einer Technik entlarvt Oppenheimers Nüchternheit, stellt die Erfolgsaussichten seiner Bemühungen infrage, weil das angestrebte Verhalten als ein technischer, seelenloser Vorgang hingestellt wird. Dass die hier gezeigte technische Faktensprache sich keine Wertungen und Gefühlsäußerungen erlaubt, entspricht dem Wert, den Wissenschaftler ihren Entdeckungen beimessen. Teller bemerkt dazu beispielsweise, **daß Entdeckungen weder gut noch böse sind, weder moralisch noch unmoralisch, sondern nur tatsächlich. Man kann sie gebrauchen oder mißbrauchen. Den Verbrennungsmotor wie die Atomenergie.** (108) Dass hier nur Fakten zählen dürfen, macht auch Morgan deutlich; ihn interessiert **die praktische Seite. Nicht das Emblem auf einem Geldschein, sondern der Wert, nicht die Ansichten, sondern die Folgen.** (35)

In diesem Zusammenhang sind auch Oppenheimers wiederholte Bemühungen zu sehen, die Kategorie des Moralischen wegzulassen (85, 91), sowie das besonders bei ihm deutlich zu beobachtende Bemühen um eine präzise, sachliche Darstellung. (Vgl. auch 109: Reaktion Oppenheimers auf einen Vorfall auf dem Bikini-Atoll.)

Bei genauerer Betrachtung zeigt sich, dass im Stück sehr sparsam mit Adjektiven und Adverbien umgegangen wird und dass die, die Verwendung finden, recht steif wirken; u. a. ›pflichtgemäß‹ (9), ›glücklicherweise‹ (109), ›hübsch‹, ›begeisternd‹ (11). Dies wird auch in den Schlussurteilen deutlich, wo zunächst recht viele negative Adjektive bzw. Adverbien, die ziemlich förmlich wirken, vorkommen. Das Votum von Evans wehrt die negativen Punkte ab und hält positive Wertungen dagegen (142 ff.).

In den beiden Schlussszenen 8 und 9 entsteht durch die recht komplexe Syntax ein deutliches Gegengewicht zu den vorangegangenen Szenen, wo eine knappe, meistens transparente Satzstruktur überwiegt. Eine Ausnahme stellt die fünfte Zwischenszene dar, für die dies nicht gilt.

4.6.4 Euphemismen

Ein besonders auffälliges Element der in KIPPHARDTS OPPENHEIMER zu beobachtenden Sprache der Wissenschaftler, Sicherheitsbeauftragten und Militärs ist die auffallend *häufige Verwendung verniedlichender Euphemismen*. Allerdings kann man auch dieses sprachliche Phänomen als dokumentarisch betrachten, da die im Stück aufzufindenden Beispiele durchaus zum Inventar eines um Geheimhaltung bemühten Codes von Forschern, Politikern und Militärs gehörten. Besonderes auffallend sind in diesem Zusammenhang die Bezeichnungen für die neuen Waffen: So steht ›Joe I‹ für die erste Atombombe der Sowjetunion (81, die erste Wasserstoffbombe läuft meistens unter dem geheimnisvollen Begriff ›die Super‹ [83 f., 86, 91,

98, 100, 102, 112 ff., 119, 121, 134, 138, 143]) und das ganze Projekt wird unter dem Tarnnamen ›**Superprogramm**‹ (100) geführt. An anderer Stelle steht ›**das Ding**‹ oder ›**das verfluchte Ding**‹ als Periphrase für die H-Bombe.[29] Oppenheimer spricht einmal von der **Explosion eines dieser Dinger als Knallfrosch über einer Wüste.** (16)

Weitere Bezeichnungen, die euphemistischen Charakter haben, sind ›**hübsches Kind**‹, ›**Baby**‹, ›**Patentspielzeug**‹ (11) für die Atombombe oder Tellers ›**mein Baby**‹ (97) für die Wasserstoffbombe. Interessant ist, dass hier auch die Vatervorstellung mit entstanden ist, wie die Reaktionen der Öffentlichkeit auf den Oppenheimer-Prozess zeigen.

Auch die Visionen eines ›Goldenen Zeitalters‹ und des ›Schlaraffenlandes‹ (14 f.) im Zusammenhang mit Atomenergie und Atombombe gehören zu den beschönigenden Periphrasen.

Der Codename ›Trinity‹ (Dreifaltigkeit) für den ersten Atombombentest in Alamogordo (u. a. 97) ist historisch und damit dokumentarisch. Angeblich soll Oppenheimer ihn aus einem Sonett des englischen Metaphysikers John Donne entlehnt haben. Dieses Sonett präsentiert ein lyrisches Ich, das mit einer kraftvollen, apokalyptischen Metaphorik zu seinem Gott spricht und ihn nicht um Gnade, sondern um gerechte Härte anfleht.[30] Betrachtet man das Sonett genauer, so mag der Code ›Dreifaltigkeit‹ eine gewisse Motiviertheit und einen Sinn ergeben. Angesichts der Folgen dessen, was sich hinter ›Dreifaltigkeit‹ verbarg, ist man vielleicht geneigt, diesen Namen als Blasphemie zu bezeichnen.

4.6.5 Sprachbilder

Wenn man die Sprache im Oppenheimer-Stück grundsätzlich als sachlich, faktisch, präzis, knapp und insgesamt als durchaus dokumentarisch bezeichnen kann, gibt es auch eine Reihe von teilweise recht aufschlussreichen *Sprachbildern*.

Der Eindruck der Blasphemie, der im Zusammenhang mit dem Codewort ›Trinity‹ entstehen kann, ist nicht unbegründet, berücksichtigt man, dass Oppenheimer von Klaus Fuchs sagt, er habe sich **ein bißchen in die Rolle des lieben Gottes, des Weltgewissens** gespielt (38). Auf Oppenheimer selbst ist Pashs Aussage **Er war damals ein Gott** (64) gemünzt. Zu dieser religiösen Metaphorik gehört auch die Einordnung des Senators McMahon als **einer der Apostel der Super** (116) oder das Bild der Physiker am **Kreuzweg** (146). Auch in Oppenheimers Äußerung [...] **ich fand keine Schuld an mir** (145) klingt Religiöses an; es wirkt wie eine Anspielung auf die bekannte Feststellung des Pilatus und deutet wie die zuvor angesprochenen Bilder auf die Hybris der Kernphysiker.

Besonders aufschlussreich ist auch die unterschiedliche Metaphorik, die bei der Beschreibung der Welt eingesetzt wird. So stellt Oppenheimer fest, die beiden Weltmächte säßen sich gegenüber **wie Skorpione in einer Flasche** (18), und drückt in diesem Vergleich aggressive Spannung und Gefahr zugleich aus. In Anspielung auf die Ausbreitung des Faschismus formuliert er seine eigene Beunruhigung in einer Personifizierung: **Daß die Welt mit den Händen in den Hosentaschen zusah.** (29) Evans spricht später salopp von **dieser Welt aus Schießbaumwolle** (78), was auf den ersten Blick ein recht harmloses Bild ist. Berücksichtigt man aber, dass sich hinter dem Begriff ›Schießbaumwolle‹ aus Baumwolle oder Zellstoff hergestelltes, als Sprengstoff verwendetes Zellulosenitrat verbirgt, so gewinnt Evans' saloppes Bild seine Brisanz. Vielsagend ist Lansdales Metapher: **Die Welt ist in Ziegen und Schafe fertig eingeteilt, und wir sind im Schlachthaus drin.** (78) Damit stellt sich der Lauf der Geschichte als ein Schlachten wehrloser Opfer dar. Die Totalität und Unausweichlichkeit der Gefahr, die in den letzten beiden Bildern deutlich wird, hat eine neue Welt entstehen lassen, wie Oppenheimer meint. Allerdings kam der Wandel ohne Vorbereitung und mit Schrecken: **Ehe man die Tür zu jener schaudervollen Welt öffnete, in der wir heute leben, hätte man anklopfen sollen. Wir haben es vorgezogen, mit der Tür ins Haus zu fallen.** (83) Zu den Schrecken dieser ›schaudervollen Welt‹ gehört offenbar auch eine Verrohung auf höchstem technischem Niveau, die Niels Bohr, den Oppenheimer zitiert, so darstellte: **[...] wenn wir den Militärs den Atomknüppel einmal in die Hand gäben, dann würden sie damit auch zuschlagen.** (61) Die Qualität der Verrohung findet hier in einer ausdrucksstarken Metapher, die aus dem wissenschaftlichen Terminus ›Atom‹ und der primitiven Waffe ›Knüppel‹ zusammengesetzt ist, deutlich ihren Ausdruck.

Zu den weiteren Schrecken der neuen Welt gehört gewiss auch der Geheimdienst, den Oppenheimer – wie sicherlich viele andere Kollegen – kennen gelernt hat. Der Geheimdienstoffizier Pash gibt ein Bild von sich und seinen Mitarbeitern: **Wenn wir erst einmal Blut geleckt haben – wir Bluthunde – dann sind wir hartnäckig.** (60) Erst durch die wechselseitige Verstärkung von ›Blut lecken‹ und ›Bluthund‹ gewinnt diese Metapher ihre Bedeutung, wobei das ›Blutlecken‹ im Zusammenspiel mit dem personifizierten ›Bluthund‹ (im Plural gebraucht) fast wörtliche Bedeutung bekommt. ›Bluthund‹, ursprünglich ein englischer Jagdhund, Schweißhund, steht hier für einen blutgierigen Menschen. Durch dieses Bild charakterisiert Pash unfreiwillig den Geheimdienst der McCarthy-Ära in seiner Unerbittlichkeit und Gefährlichkeit.

Eine weitere Erscheinung der neuen Welt – und schließlich auch ein Ziel des Geheimdienstes – ist ein sich wandelndes Menschenbild. Die zunächst in einer Projektion als Frage formulierte Vorstellung: **Kann man einen**

Menschen auseinandernehmen wie einen Zündsatz? (42) beantwortet Oppenheimer in der sich anschließenden fünften Szene negativ. Im Grunde hat die Bildlichkeit hier zwei Ebenen: zum einen die *Metapher* des auseinandernehmbaren Menschen, d. h. die Vorstellung vom Menschen als eines aus verschiedenen Teilen zusammengesetzten technischen Apparates, zum anderen den *Vergleich* des als Mechanismus gedachten, auseinandernehmbaren Menschen mit einem Zündsatz. Einerseits suggeriert die Metapher die Analysierbarkeit in allen seinen Bereichen, einschließlich der im Oppenheimer-Hearing auch herangezogenen Privatsphäre. Andererseits deutet der Zündsatzvergleich an, dass ein Mensch durchaus ›von explosiver Gefährlichkeit‹ sein kann. Die Metapher vom ›auseinandernehmbaren Menschen‹ wirkt wie eine Vorwegnahme des heute verbreiteten Bildes vom ›gläsernen Menschen‹.

4.6.6 Zusammenfassung

Hinsichtlich der Sprache in KIPPHARDTS *OPPENHEIMER* lässt sich zusammenfassend Folgendes feststellen:

1. In seinem Bemühen, dokumentarisches Theater zu präsentieren, bezieht sich KIPPHARDT verschiedentlich zu sehr auf die Protokolle des Hearings, was zu *übersetzungsbedingten sprachlichen Unebenheiten* führt.
2. Insgesamt gesehen ist die Sprache des Stückes jedoch auf dessen dokumentarischen Charakter ausgerichtet und trägt ihn durch einen *faktenorientierten, sachlich-technischen Stil* mit knappen, präzisen Formulierungen mit.
3. Die *Syntax* ist *überwiegend situationsbedingt knapp*, lediglich in Zusammenfassungen finden sich komplexere Strukturen.
4. In einer Reihe von *Metaphern* und *Vergleichen* sind *euphemistische Periphrasen* erkennbar, die vielfach zum Inventar von militärischen Codes bzw. von Fachsprachen zu zählen sind.

Sprachbilder, die besonders auffallen, zeigen einerseits die blasphemische Hybris von Atomphysikern, andererseits die Schrecken einer neuen, schaudervollen Welt.

5 ›Kern und Sinn‹: Die Problematik des Stückes

Wenn man die in wesentlichen Aspekten analysierte Sprache des Oppenheimer-Stückes betrachtet, stellt sich die Frage, worin denn eigentlich der ästhetische, oder, vorsichtiger formuliert, der literarische Wert bestehe. Schließlich gilt auch für KIPPHARDTS Stück der Faktenbezug, der von den Vertretern des dokumentarischen Theaters ausdrücklich reklamiert wurde.

Auch bei KIPPHARDTS Oppenheimer-Drama, das zu den Prozess-Stücken gezählt wird, muss berücksichtigt werden, dass das Stück nicht im Dokumentarischen stecken bleibt. KIPPHARDT hat den von ihm konsultierten Protokollen eine neue Funktion gegeben, indem er sie auswählte, montierte und in die Aktionszusammenhänge von Theater bzw. Film einbrachte. Dadurch werden die Dokumente – zumindest in wesentlichen Teilen – öffentlich, d. h., sie verlassen die Dimension der eventuell für Historiker und andere Wissenschaftler interessanten Archive. Die Vertraulichkeit, die im Oppenheimer-Hearing ausdrücklich vereinbart war (8 f.), wird aufgehoben und selbst zur Diskussion gestellt. Das Theater bzw. der Film verleiht den Fakten, die es aus dem Hearing zeigt, eine Appellfunktion, die ihnen ursprünglich nicht zu eigen ist: Sie wenden sich an ein Publikum und lassen dieses reagieren.

Durch Reorganisation und Reaktivierung werden die ›Fakten‹ somit in einen neuen hermeneutischen Zusammenhang gebracht. Die pädagogisch-moralische Nutzbarmachung war von den Autoren des dokumentarischen Theaters im politischen Rahmen der sechziger Jahre intendiert und auch bewerkstelligt worden. Neue Verstehenshorizonte auf der Basis neuer Rezeptionsbedingungen verliehen dem historischen Material Aktualität, indem sie aus dem in den Dokumenten deutlich werdenden ›Besonderen‹ das ›Allgemeine‹ herauslösen und als ›Kern und Sinn‹ freilegen.

Es zeigt sich, dass Oppenheimer lediglich einer unter vielen Forschern war, die ihre Wissenschaft unfreiwillig oder wissentlich einer fragwürdigen Nutzbarmachung zugeführt haben: Nach der Atombombe kamen die Wasserstoffbombe, die Neutronenbombe und die Vision des ›Kriegs der Sterne‹. Allerdings lässt sich nicht nur dieser stets aktuelle Themenkreis vom ›Fall Oppenheimer‹ herleiten, sondern auch die nicht enden wollende Diskussion um die Kernenergie, die besonders nach dem Unfall von Tschernobyl 1986 neue Brisanz erhielt. In den aktuellen Problemen der Folgen von Kernforschung, aber auch anderer Disziplinen, stellen sich Fragen, die als Kernfragen in KIPPHARDTS Oppenheimer-Stück vorgeformt sind:

- die Frage nach der Rolle eines Wissenschaftlers, nach seinem Ethos, seiner Verantwortung, seiner Macht, seinem Verständnis von Freiheit in Forschung und Lehre, aber auch nach seiner Bewältigung von Schuld;
- die Frage nach dem Menschen, der sich hinter dem Wissenschaftler verbirgt, nach seinen Möglichkeiten, als Individuum Freiheit zu realisieren, als soziales Wesen Vertrauen in Freundschaft weiterzuentwickeln;
- die grundsätzliche Frage nach der Vereinbarkeit von Wissenschaft und Politik, besonders in den stets diskutierten Bereichen der Friedens- und der Energiepolitik;
- damit letztlich die vielleicht entscheidende Frage, die das Stück KIPPHARDTS aufwirft, nämlich die nach der Möglichkeit von Loyalität und den sich daraus ergebenden Konflikten von Macht und Gewissen.

Während diese Aspekte zwar durchaus Aktualität besitzen, sind es aber doch noch nicht die Fragen, die sich dem Zuschauer selbst stellen. Der Betrachter des Stückes mag erkennen, dass vieles aus KIPPHARDTS *OPPENHEIMER* auch in seinem persönlichen Umfeld zu beobachten ist. Dies wäre sicherlich ein Effekt im Sinne des Autors, allerdings würde eine derartige Rezeptionshaltung nicht unbedingt auf Betroffenheit schließen lassen. Das wäre dann der Fall, wenn beispielsweise der Betrachter sich mit Fragen konfrontiert sähe wie:
- Was erwarte ich von wissenschaftlichem Fortschritt? (Vgl. ›Goldenes Zeitalter‹, ›Schlaraffenland‹, ›Luxus‹ [14])
- Welchen Preis bezahlt der Einzelne für die Naturbeherrschung?
- Wie viel Sicherheit soll der Staat seinem Bürger eigentlich bieten?
- Welchen Preis kann der Einzelne dafür entrichten?

Unterrichtshilfen

1 Unterrichtsreihen

Die Behandlung von Kipphardts OPPENHEIMER im Deutschunterricht der Sekundarstufe II kann in unterschiedlichen Kontexten erfolgen und ist auch in fachübergreifenden Problemstellungen denkbar (Religion, Philosophie, Geschichte, Physik). Die Besprechung ist möglich in einer Reihe von Physikerdramen (Brecht: GALILEI; Dürrenmatt: PHYSIKER; Kipphardt: OPPENHEIMER), kann andererseits aber auch überleiten zu neuen, inhaltlich verwandten Textreihen. So ließen sich beispielsweise folgende Unterrichtsreihen anschließen:

- Sciencefiction/Utopie
  Texte: Huxley: SCHÖNE NEUE WELT
  Orwell: *1984*
  Wells: BEFREITE WELT
  Grass: DIE RÄTTIN
  Nan Randall: CHARLOTTESVILLE – EINE FIKTIVE ERZÄHLUNG
  (in: Atomkriegsfolgen. Baden-Baden 1983, S. 179–202)
  Geier Sturzflug: »Besuchen Sie Europa, solange es noch steht!« (vgl. Mat. 1)

- Gedichte und Kurzgeschichten zum Thema ›Krieg‹
  Texte: Nelly Sachs, Heinrich Böll u. a.

- Literatur zum Thema ›Wissenschaftler und Genie‹
  Texte: Goethe: FAUST
  Mary Shelley: FRANKENSTEIN
  Prometheus-Gedichte

- Literatur zum Thema ›Möglichkeiten und Grenzen von Wissenschaft‹
  Nichtfiktionale Texte: Einstein, C. F. von Weizsäcker u. a.
  Aus dem fiktionalen Bereich: Goethe: »Der Zauberlehrling«, *FAUST II*, 2. Akt

- Bühnenstück und Film
  Vergleich von Dramentext und Filmfassung
  Evtl. Ausweitung: Film THE DAY AFTER

Die Besprechung des Oppenheimer-Stückes selbst sollte eingebettet sein in einige Schülerreferate, die für ein gutes Verständnis sehr zu empfehlen sind. Folgende Themen für (Kurz-)Referate wären vor dem Beginn der Unterrichtsreihe zu vergeben:

1. Die Geschichte der Atom- und Wasserstoffbombe
2. Die Wirkungsweise von Atombomben (physikalische Grundinformationen)
3. Die Havarie des Kernkraftwerks Tschernobyl und ihre Folgen

4. Der Stellenwert von Atomkraft in der aktuellen Energiepolitik
5. Die Zeit des Kalten Krieges
6. Das ›Manhattan Project‹ im Roman: Joseph Kanons DIE TAGE VOR LOS ALAMOS
7. Die Ära McCarthy (als Hintergrund für das Oppenheimer-Hearing 1954)
8. Die Biografie Julius Robert Oppenheimers
9. Heinar Kipphardt: Biografie und Werk

Falls eine Erarbeitung im Unterricht nicht vorgesehen ist, können auch folgende Bereiche per Referat eingebracht werden (Leistungskurs):

10. Aristotelisches, Brecht'sches und dokumentarisches Theater im Vergleich (Übersicht über die wesentlichen Merkmale)
11. Vergleich mit anderen Texten/Stücken ähnlicher Thematik

Da der Text von Kipphardts OPPENHEIMER für Schüler/innen zunächst etwas spröde sein kann, empfiehlt es sich, für den Einstieg einen motivierenden, möglichst aktuellen und lerngruppengerechten Text zu wählen. Geeignet erscheinen dazu:

- Aktuelle Zeitungsartikel zu Kernenergie, Atombombenversuchen, Abrüstungsdiskussion im nuklearen Bereich, evtl. zu Jahrestagen (Hiroshima, Nagasaki etc.; Mat. 3), die auch von den Schülerinnen und Schülern selbst gesammelt und unter Umständen in einer Ausstellung zusammengefasst werden können.
- Texte aus dem Popbereich, z. B. Geier Sturzflug: »Besuchen Sie Europa, solange es noch steht!« (Mat. 1)
- Grafiken oder Bilder, z. B. Abendmahl-Adaptation (Mat. 2)

2 Unterrichtssequenz

Verwendete Abkürzungen:

A	= Alternative	PRO	= Produktionsorientierte Themen- oder Aufgabenstellung
GA	= Gruppenarbeit		
GK	= Grundkurs	Ref	= Referat
HA	= Hausaufgabe	StA	= Stillarbeit
KRef	= Kurzreferat	SV	= Schülervortrag
LK	= Leistungskurs	TA	= Tafelanschrieb
LV	= Lehrervortrag	UG	= Unterrichtsgespräch
PA	= Partnerarbeit		

Stunden	Thema	Didaktische Aspekte (Inhalte/Ziele)
1. GK/ LK	Einstieg in den Text	Als vorbereitende HA muss hier die abgeschlossene Lektüre des gesamten Textes erwartet werden. *Ziele:* Klärung und Vertiefung des Textverständnisses; Polarität der Figurenkonstellation
2./3. GK/ LK	Die Figuren um Oppenheimer	Charakterisierung von Figuren des Hearings (zur Vertiefung der 1. Stunde), Hintergrund für die Erarbeitung der Figur Oppenheimer
4./5. GK/ LK	Die Titelfigur Oppenheimer	Erfassung der Charakterzüge der Figur Oppenheimer, evtl. durch KRef Vergleich mit dem historischen Oppenheimer

Methodische Realisierung/ Verlauf	Hausaufgabe
1. SV (UG): *Einführung:* Inhaltlicher Abriss des Stückes, Darstellung des Hearingsverlaufs 2. StA (PA)/TA: *Erarbeitung:* Ermittlung der spezifischen Gerichtssituation im Stück, mit Anklage- und Verteidigerseite; dabei Einbeziehung der Figurenliste; Sicherung und Darstellung in einer Tafelskizze 3. UG: *Beurteilung:* Kritische Beurteilung der Zusammenstellung des Untersuchungsausschusses, Zuordnung der Mitglieder und der Zeugen zur Pro- bzw. Kontra-Oppenheimer-Seite 4. UG: *Vertiefung:* Erarbeitung der Figuren Robb und Teller in ihrer Gegensätzlichkeit 5. SV: *Zusammenfassung:* Verdeutlichung der polaren Ausgangssituation, die nicht nur durch die Institution des Hearings, sondern auch durch Gegenspieler vorgegeben ist	PRO: Schreiben Sie aus der Sicht Oppenheimers einen längeren Tagebucheintrag, der Teller charakterisiert.
1. SV: *Anknüpfung:* Anschließen an die Ergebnisse der 1. Stunde (polare Grundsituation) 2. GA: *Ausarbeitung/Erarbeitung:* In arbeitsteiliger Textanalyse Gewinnung von Passagen zur Charakterisierung von Evans, Pash, Robb, Rabi, Bethe 3. UG/TA: *Auswertung:* Bei der Ergebnissicherung möglichst Gruppierung der Figuren (Pro- bzw. Kontrapartei oder nach Berufsfeldern), dabei Festhalten wesentlicher Charaktermerkmale an der Tafel 4. SV: *Integration* der HA mit Frage nach der Funkton Tellers im Stück (Gegenspieler Oppenheimers)	Analysieren Sie anhand seiner Äußerungen Oppenheimers Selbstdarstellung.
1. UG: *Einführung:* Rekurs auf das Charakterbild Tellers, evtl. Bethes 2. SV/TA: *Integration:* Einbringung der HA: Oppenheimer in Selbstdarstellungen. Sicherung wesentlicher Ergebnisse im Tafelbild, das für noch zu erarbeitende Stundenergebnisse offen sein muss, also: Oppenheimer-Selbstdarstellung/Oppenheimer-Fremddarstellung 3. StA (PA): *Vertiefung:* Darstellung Oppenheimers durch Zeugen 4. UG (SV)/TA: *Ergebnissicherung:* Ausweitung des Tafelbildes zu einer Profilskizze der Titelfigur 5. UG: *Beurteilung:* Hier ist herauszuarbeiten, dass Oppenheimer nicht nur als Wissenschaftler, sondern auch als Privatmensch gezeichnet wird (Intimsphäre, vermeintliche Parteizugehörigkeit). 6. UG: *Problematisierung:* Frage, inwieweit derlei für das Hearing von Interesse sein kann. 7. Evtl. SV (KRef): *Ausweitung:* Einbringung eines KRef zur McCarty-Ära, zum Kalten Krieg	PRO: Erstellen Sie aus der Sicht des Ausschussvorsitzenden (eines beim Prozess anwesenden Journalisten/einer Journalistin) ein Charakterprofil Oppenheimers.

Stunden	Thema	Didaktische Aspekte (Inhalte/Ziele)
6. GK/ LK	Merkmale des Dokumentartheaters	Erfassung der Textstruktur und Bewusstmachung von Formen und Zielen des Dokumentartheaters
7. GK/ LK (im LK evtl. weitere Stunde)	Die Programmatik des Dokumentartheaters	Ausgehend vom Strukturbild von Kipphardts OPPENHEIMER Erarbeitung der Theorie und Intention des Dokumentartheaters

Methodische Realisierung/ Verlauf	Hausaufgabe
1. StA (PA): *Einstieg:* Ermittlung der Strukturkomponenten des Textes in ihrer zeitlichen Reihenfolge 2. SV/TA: *Zwischensicherung:* Darstellung des Textverlaufs (Szenen, Zwischenszenen unter Einbeziehung von Projektionen und Dokumenten) im Tafelbild 3. UG: *Vertiefung:* Ausgehend von diesen Ergebnissen sollten die Kategorien des traditionellen Dramas angelegt werden (Funktion der 1. Szene – Exposition? Steigende – fallende Handlung? Höhepunkt, Wendepunkt? Schluss. Analytisches oder synthetisches Drama?). Besondere Berücksichtigung sollten die Zwischenszenen finden. 4. TA: Ergebnissicherung	Beurteilen Sie die Wirkung der Textstruktur im Theater. In welcher Rolle findet sich der Zuschauer?
1. SV: *Einführung:* Vorstellung der HA 2. StA (PA): *Vertiefung:* Durch Einbeziehung ausgewählter Szenen/Zwischenszenen mit dem zugehörigen Dokumentarmaterial Konkretisierung der Schülereindrücke; Sichtbarmachung des funktionalen Einsatzes von Dokumenten 3. UG: *Sicherung* 4. StA: *Ausweitung:* Ausgehend von der Frage, welchen Zweck die diversen Textkonstitutenten in diesem Stück erfüllen sollen, wäre anschließend ein Einblick in die Gattung zu geben; dazu bieten sich theoretische Äußerungen von Weiss, Kipphardt und Hochhuth an. 5. UG: *Auswertung/Beurteilung:* Herausarbeiten von Kernthesen, im LK evtl. Herstellen des Traditionszusammenhanges zu Brecht, Piscator	1. Fassen Sie die Grundideen des dokumentarischen Theaters zusammen. 2. Beurteilen Sie die Erfüllbarkeit dieser Vorstellungen im Theater.

Stunden	Thema	Didaktische Aspekte (Inhalte/Ziele)
8./9. GK/ LK	Kern und Sinn des Stückes	Ausgehend von der vorhergehenden Stunde Erarbeitung des Oppenheimer-Stückes; Integration von Aktualisierungen durch Schüler/innen
10. GK/ LK	Die Rezeption von Kipphardts *OPPENHEIMER*	Verdeutlichung und Problematisierung der Brisanz des Stückes und des Dilemmas des dokumentarischen Theaters
11. GK/ LK (evtl. nur LK)	Das Stück im Spiegel der Theaterkritik	Im Kontrast theatertheoretischer Überlegungen oder zur Vertiefung der 10. Stunde sollten Kritikerrezensionen herangezogen werden. Damit würde die Wirkung des Stückes aus dem engen Kreis Kipphardt – Familie Oppenheimer herausgelöst werden. Außerdem könnte sichtbar gemacht werden, mit welchen Maßstäben die noch nicht recht junge Gattung Dokumentarisches Theater gemessen würde. Text: Vgl. Materialien

Methodische Realisierung/ Verlauf	Hausaufgabe
1. SV: *Einstieg:* Vorstellen der Hausaufgaben 2. StA: *Lektüre:* Kipphardts Nachbemerkung zum Stück (149 ff.), mit der die Schüler/innen die Intention des Autors an ihrer eigenen Reaktion darauf messen können 3. UG/TA: *Beurteilung:* Schüler/innen überprüfen die Intention des Autors an ihren eigenen Reaktionen. 4. StA (PA): *Engführung* (arbeitsteilig): Die Beurteilung des Stückes sollte sich auf zentrale Themen stützen: – Rolle des Wissenschaftlers (11, 14 ff., 26 f., 43 ff., 72, 79, 109, 130) – Immunität der Privatsphäre und Gefahr des ›gläsernen Menschen‹ (22 ff., 26 f., 33 f., 50, 69) – Loyalitätskonflikte (36 f., 39 f., 80, 89) – Sicherheitsprobleme (42, 77, 83) – Moral (85, 88, 102, 107 f.) 5. UG: *Beurteilung* der PA, anschließend evtl.: 6. UG: *Ausweitung:* Sofern das UG nicht von selbst entsprechende Bezüge herstellt, sollte die Frage der Aktualität des Stückes abschließend erörtert werden. Möglicherweise ist hier auch ein Rückblenden auf die Eingangsphase sinnvoll. Zur thematischen Konkretisierung lässt sich hier auch ein Referat zur Geschichte der Atomwaffen einsetzen. A: 6. KRef: Geschichte der Atomwaffen 7. KRef: Die ›Havarie‹ des Atomkraftwerks Tschernobyl 8. KRef: Die aktuelle Position der Atomkraft in der Energieversorgung	PRO: Schreiben Sie eine Rezension zu Kipphardts Stück. Diskutieren Sie dabei die Frage nach seiner heutigen Relevanz. PRO: Schreiben Sie den Brief vom 10. Mai 1771 aus Goethes *WERTHER* um. Verlegen Sie die Szene in unsere Tage oder in die Situation der ersten atomaren Explosion in der amerikanischen Wüste.
1. StA: *Einstieg:* Textlektüre. Reaktionen Oppenheimers und seiner Witwe 2. UG: *Beurteilung:* Kernpunkte der Kritik und ihre Motiviertheit 3. StA: *Ausweitung:* Kipphardts Erwiderung 4. UG: *Beurteilung:* Bewertung des dokumentarischen Konzepts hinsichtlich Funktion, Wirkung, Wert	Evtl. Vorbereitung eines Abschlussgesprächs zu Text und Unterrichtssequenz der folgenden Stunde (Rezension)
Nach Umfang und Qualität der Vorlage: 1. StA 2. UG/TA: *Auswertung*	PRO: Schreiben Sie eine eigene Rezension zu Kipphardts Stück. (Falls nicht schon nach der 8./9. Stunde)

Stunden	Thema	Didaktische Aspekte (Inhalte/Ziele)
12. GK/ LK (evtl. nur LK)	Das Problem der Literarizität	Anknüpfung an die Strukturanalyse des Stückes und mit deutlichem Rekurs auf eine eingehende Sprachanalyse; Frage nach dem literarischen Wert von Kipphardts OPPENHEIMER
13. LK	Textvergleich mit Brecht und Dürrenmatt	Vergleich des Bildes des Wissenschaftlers Oppenheimer mit den entsprechenden anderen Wissenschaftlerfiguren; Erarbeitung bzw. Vergleich von Varianten der Gattung Drama
14. LK	Wissenschaft und Öffentlichkeit	Hier bietet sich eine Exkursion zu einem Energiebetrieb an; ansonsten im Kursrahmen Erörterung, in welchem Verhältnis Wissenschaft und Öffentlichkeit stehen (können); Ausgangspunkt: Oppenheimers kritische Einschätzung am Ende der 3. Zwischenszene: »Ich glaube nicht ...« (34)

Methodische Realisierung/ Verlauf	Hausaufgabe
1. SV: *Einstieg:* Über eine vorbereitete HA zur Sprachanalyse (Textgrundlage evtl. Stellungnahme der Ausschussmehrheit am Schluss des Stückes) 2. StA: *Ausweitung/Erarbeitung:* Spachliche Analyse weiterer Passagen (evtl. Oppenheimers Schlusswort) 3. SV/UG/TA: *Auswertung/Problematisierung:* Ermitteln besonderer sprachlicher Phänomene (Wortwahl, Syntax, besondere rhetorische Mittel) 4. UG: *Fazit:* Frage nach der Qualität des Stückes: Nur ein Hearing-Protokoll oder mehr? Wo liegt die literarische Leistung Kipphardts? 5. SV: *Zusammenfassung* mit Verdeutlichung durch Vorstellen der Auswertungsergebnisse (sprachliche Phänomene)	Zusammenfassende Beurteilung der Literarischen Leistung Kipphardts
1. UG/TA: *Wiederholung:* Charakterprofile Oppenheimers, Galileos, bestimmter Figuren aus den *Physikern* 2. UG/TA: *Auswertung* A: 1. StA: Lektüre der Schlussreden Oppenheimers und Galileis 2. UG: *Auswertung* 3. UG: Evtl. *Ausweitung:* Varianten der Gattung Drama	PRO: Skizzieren Sie einen möglichen Handlungsverlauf für ein von Ihnen erfundenes Oppenheimer-Drama nach klassisch aristotelischem (epischem) Muster.
1. TA: *Einstieg:* »Ich glaube nicht ...« A: Rückgriff auf Brechts *Galileo*, Dürrenmatts *Physiker* (bei entsprechender Textkenntnis), evtl. auf passenden Text aus einem Oberstufenbuch 2. UG: Evtl. Plan- bzw. Rollenspiel in Interessengruppen: Wissenschaft, Politik, Wirtschaft, Staatsbürger, Kirche als ethische Instanz A: Gespräch mit einer fachkompetenten Person eines Energiebetriebs (evtl. im Rahmen einer Exkursion)	PRO: Schreiben Sie eine Reportage (einen Bericht) für die Schülerzeitung über die (in der Stunde) erlebte Debatte.

3 Klausurvorschläge

Grundkurs:
1. Überprüfen Sie die These, das Oppenheimer-Stück sei ein analytisches Drama.
2. Vergleichen Sie das Bild des Wissenschaftlers, das die Belastungszeugen entwerfen, mit dem Wissenschaftlerbild, das Oppenheimer zeichnet. Schreiben Sie einen kurzen Zeitungsessay.
3. Untersuchen und beurteilen Sie die Rolle Evans' auf dem Hintergrund seines Minderheitenvotums.
4. Analysieren und beurteilen Sie die Figur Rabis.
5. Vergleichen Sie die Plädoyers von Robb und Marks hinsichtlich Aufbau, Sprache, Kerngedanken, und beurteilen Sie jeweils die Stichhaltigkeit auf dem Hintergrund des Anhörungsverfahrens.

Leistungskurs:
1. Analysieren Sie die Schlussszene und vergleichen Sie besonders die Stellungnahme der Ausschussmehrheit mit Evans' Minderheitenvotum. Berücksichtigen Sie dabei neben inhaltlichen Aspekten auch Aufbau, Ton und rhetorische Mittel.
2. Vergleichen Sie Oppenheimers Darstellung der Atombombenexplosion mit der von Max Frisch (*Tagebuch I*, S. 66f.).
3. Beurteilen Sie die im Oppenheimer-Stück sichtbar werdenden Techniken des dokumentarischen Theaters auf dem Hintergrund von Brechts Theatertheorie (Textvorgabe: Brecht).

Im Kontext mit anderen Stücken:

4. Vergleichen Sie die Schlussrede Oppenheimers mit Galileis Schlussrede in Brechts Stück (Szene 14, Bertolt Brecht: Gesammelte Werke, Bd. 3, S. 1339ff.).
5. Vergleichen Sie das Bild des Wissenschaftlers Oppenheimer, das Sie aus Kipphardts Stück gewinnen, mit den Bildern der Wissenschaftler in Brechts *Galileo Galilei* bzw. Dürrenmatts *Physikern*.
6. Vergleichen Sie das Verhältnis zwischen Wissenschaft und Staatsgewalt in Kipphardts Stück mit den entsprechenden Konstellationen in Brechts *Galileo Galilei* bzw. Dürrenmatts *Physikern*.
7. Analysieren und interpretieren Sie die Ausführungen des amerikanischen Dramatikers Arthur Miller in seinem Essay *Der Dramatiker und die atomare Welt* (vgl. Mat. 4). Vergleichen Sie Millers Gedanken mit Kipphardts Dokumentarstück.

4 Materialien

GEIER STURZFLUG: Besuchen Sie Europa, solange es noch steht!

Material 1

Wenn im Canale Grande U-Boote vor Anker gehn
Und auf dem Petersplatz in Rom Raketenabschußrampen stehn,
überm Basar von Ankara ein Bombenteppich schwebt
und aus den Hügeln des Olymp sich eine Pershing 2 erhebt –
dann ist alles längst zu spät,
dann ist, wenn schon nichts mehr geht.
Besuchen Sie Europa,
solange es noch steht!

Vor dem alten Kölner Dom steigt ein Atompilz in die Luft,
und der Himmel ist erfüllt von Neutronenwaffelduft.
Wenn in Paris der Eiffelturm zum letzten Gruß sich westwärts neigt
Und in der Nähe von Big Ben sich zartes Salvenglühen zeigt –
Dann ist alles längst zu spät,
dann ist, wenn schon nichts mehr geht.
Besuchen Sie Europa,
solange es noch steht!

Wenn aus der Haute Cuisine ein Hexenkessel wird,
wo sich der Koch aus Übersee seine alte Welt flambiert,
da wird gelacht und applaudiert, denn selbst der Kellner kriegt'n Tritt –
was bleibt uns außer der Kultur? Wir wünschen guten Appetit.

Dann ist alles schon zu spät,
dann ist, wenn schon nichts mehr geht.
Besuchen sie Europa,
solange es noch steht!

(Text: Friedel Geratsch · © Wunschklang Media, Bochum)

Material 2

(aus: *Stern*, 1.8.1985, S. 32 f.)

Material 3 **Grauen und Vernunft**

An diesem 6. August vor vierzig Jahren zuckte jener grauenvolle Lichtblitz über Hiroshima, der die Stadt in ein Flammen- und Strahlenmeer verwandelte und Zehntausende zum sofortigen Tode, weitere Zehntausende zu elendem Siechtum verurteilte. Neun Tage später kapitulierte Japan bedingungslos. Die Welt, zumal damals hier in Europa, war mit anderen, eigenen Nöten befaßt, als daß sie diese Durchbrechung aller Schranken menschlichen Zerstörungsvermögens sofort mit Bewußtsein aufgenommen hätte. Erst später sind Hiroshima und Nagasaki zu einem Synonym für die von Menschen ausgelöste Apokalypse geworden. Welche Schuldgefühle die unmittelbar Beteiligten umtrieben (und umbrachten), hat man gesehen, in diesen Tagen noch hat sich der Navigator eines Todesbombers das Leben genommen.

Und dennoch enthält auch dieses Grauen seinen Trost, wenn er auch umstritten sein mag: Vier Jahrzehnte eines zwar spannungsgeladenen Friedens unter den waffenstarrenden Großmächten sind ihm zu danken. Seine Sicherheit auf die Auslösung der Apokalypse als letztes Mittel der Verteidigung zu setzen, erschien und erscheint manchem aberwitzig. Aber es ist kein Zweifel: Solange das Gleichgewicht des Schreckens besteht, wird keine der beiden Seiten den immer wieder als unausweichlich vorausgesagten Krieg auslösen. Die Friedenssehnsucht der Menschen ist nicht auf Sand gebaut, sowenig sie davon angesichts der wachsenden Arsenale des Todes überzeugt sein mögen.

Kritisch wird die Lage erst, wenn wir angesichts des konventionell überlegenen Gegners das Vertrauen in die eigene Abschreckungsfähigkeit unterminieren und damit die Hemmschwelle des anderen herabsetzen. Die ›Initiative zur Strategischen Verteidigung‹ der Vereinigten Staaten wird leider auch mit solchen Überlegungen begründet: sich selbst unverwundbar machen, weil die Entschlossenheit zur Abschreckung im eigenen Lager schwächer wird. Funktionierte das System schon, dann wäre die Berufung auf den Zweifel nicht gefährlich; aber da es vorläufig dem Bereich der technischen Utopien zuzurechnen ist – das kann sich ändern –, ist diese Begründung mehr als waghalsig. Die Bombe von Hiroshima mit allem, was ihr technisch gefolgt ist, schafft niemand mehr aus der Welt. Alle Anstrengungen können nur darauf gerichtet sein, dieses Höllenfeuer unter Kontrolle zu halten und sich militärisch wie rüstungstechnisch niemals in die Lage bringen zu lassen, darauf einmal in letzter Not zurückgreifen zu müssen.

(aus: *Frankfurter Allgemeine Zeitung*, 6. 8. 1985)

Material 4 **ARTHUR MILLER: Der Dramatiker und die atomare Welt**

[…] Seine Stärke offen zur Schau zu stellen, erzeugt bei den anderen immer Furcht, im privaten wie im öffentlichen Leben, im lokalen wie im internationalen Bereich. Wir haben darin eingewilligt, daß der Polizist einen Revolver trägt, nicht weil wir die Kugel nicht mehr fürchteten, sondern weil wir der Versicherung Glauben schenken, daß der Polizist aus der gleichen Kultur stammt wie wir, daß er unsere Werte teilt und hochhält, was wir hochhalten. Aber zugleich muß er gewillt sein, die Waffe zu gebrauchen, er muß psychologisch imstande sein, Gewalt auszuüben, wenn wir seinen Schutz glaubwürdig finden sollen; und seine Bereitschaft zum Töten wird schnell zu einer erschreckenden Bedrohung, wenn sie nicht durch seine unmißverständlich nachgewiesene Achtung vor unseren Werten abgesichert ist. Das gleiche gilt für einen hochgerüsteten Staat, dessen Truppen überall in der Welt stationiert sind, wenn er die Welt von seinen friedlichen Absichten überzeugen möchte. Letzten Endes bedeutet es immer das Eingeständnis einer moralischen Niederlage, sich auf Macht zu verlassen, aber in zwischenstaatlichen Beziehungen ist es manchmal auf tragische Weise unumgänglich, diese Niederlage einzugestehen, Macht zu erwerben und sich darauf zu verlassen. Aber wir nehmen die Zerstörung unserer Friedensbemühungen leichtfertig in Kauf, wenn wir auch nur einen Augenblick lang vergessen, daß nur der absolut überzeugend dargestellte Glaube an die Werte zivilisierten Zusammenlebens die Gewähr dafür bietet, daß das Bild der Macht nicht in ein Bild der Bedrohung umschlägt.

Es ist unmöglich, eine so weitreichende Behauptung zu beweisen, doch ich bin sicher, daß die von mir angedeuteten Unterschiede in unserer Einstellung zur Kultur es der russischen Propaganda oft leicht gemacht haben, in fremden Völkern Furcht vor Amerika zu erwecken.

[...] Wenn wir gestatten, daß unser enormes Zerstörungspotential – und was immer militärische Macht sonst noch sein mag, sie ist zerstörerisch – in den Händen von Leuten liegt, die sich nichts aus der Kultur machen, die sich damit zufriedengeben, nur als Geschäftsleute, Techniker oder Geldverdiener aufzutreten, dann überlassen wir dem Russen, der sich soviel aus der Kultur zu machen scheint, einen Vorteil, der mit Regimentern nicht aufzuwiegen ist. Dabei ist es eine zusätzliche Ironie, daß der ernsthafte Russe, Student wie Künstler, von den tyrannischen Beschränkungen, denen das Denken in seinem Land unterliegt, so eingeschnürt wird, daß seine geistige Produktion in jüngster Zeit fast zum Stillstand gekommen ist, abgesehen von Arbeiten in Wissenschaften, die von militärischem Wert sind. Das ist eine Ironie, die der Welt nicht entgangen ist, ja es ist eben diese Tyrannei, die Nationen ihrem Zugriff entzogen hat. Kurzum, ich glaube, wir haben ein Mittel zur Hand, zu anderen Völkern, die unsere Grundwerte teilen, harmonischere Beziehungen aufzubauen, wenn wir unsere kulturellen Erfolge nur erkennen und anerkennen würden.

[...] Wir gelten in der Welt so häufig nur als gefährliche Kinder mit Spielzeugen, die den Planeten in die Luft sprengen können, daß wir es uns nicht länger leisten können, so zu tun, als seien uns unsere grundlegenden ethischen und moralischen Probleme unbekannt.

[...]

In der Periode seiner sogenannten Naivität konnte Amerika über die Herzen der Menschen gebieten, weil es sich gerade nicht dem Zynismus verschrieben hatte, weil der Name Amerika Liebe und Glaube an den Menschen bedeutete und weil Amerika das Land des einfachen Mannes war. In den Jahren danach haben wir diese schlichte Redlichkeit allmählich vergessen, und es kam eine neue Ideologie auf, die – wie zynisch auch immer – nach Gerechtigkeit rief und den Eindruck verbreitete, Rußland stünde für die Belange des arbeitenden Menschen. Währenddessen wurde bei uns von Gerechtigkeit nur ganz leise gesprochen, sehr laut hingegen von Waffen, Rüstung, Kriegen und Kriegsgerüchten. Jetzt stehen wir da und müssen uns fragen: Was ist, wenn es keinen Krieg mehr geben sollte? Was haben wir dann der Welt zu bieten? Wenn wir das finden, die Quintessenz dessen, was Amerika sein kann, dann können wir auch eine Außenpolitik schaffen, die in der Lage ist, die Hoffnungen und die Liebe der einzigen Kraft zu erwecken, auf die es wirklich ankommt: die Kraft, die weder in Regierungen noch Armeen, weder in Banken noch in staatlichen Einrichtungen ihren Sitz hat, sondern im Herzen des Menschen. Erst wenn wir uns diesem Quell ewiger Unruhe und ewiger Hoffnung zuwenden, werden wir wieder auf dem richtigen Weg sein.

(aus: Arthur Miller: Der Dramatiker und die atomare Welt. Theateressays. Frankfurt a. M. 1981, S. 141–168)

Material 5

MAX FRISCH: »Café de la Terrasse«

In allen Zeitungen findet man die Bilder von Bikini. Etliche Stunden, nachdem die Atombombe losgegangen ist, steht der Rauch wie ein schwarzer Blumenkohl. Mit einer gewissen Enttäuschung vernimmt man, daß die Kreuzer und Zerstörer, die in dem Atoll verankert lagen, noch ziemlich vorhanden sind, also nicht so, daß man sie aufs Brot streichen kann. Die Ziegen, die für diesmal die Menschen vertraten, leben sogar und käuen ihr Futter, als wäre nichts geschehen; die Affen vertragen es schon weniger. Das alles ändert nichts an der grundsätzlichen Freude, die dieses Ereignis auslöst. Bei Hiroshima, als Hunderttausende daran starben, war solche Freude nicht möglich. Diesmal ist es nur eine Hauptprobe. Auch die Palmen stehen noch. Aber das alles, kein Zweifel, wird sich verbessern lassen, und der Fortschritt, der nach Bikini führte, wird auch den letzten Schritt noch machen: die Sintflut wird herstellbar. Das ist das Großartige. Wir können, was wir wollen, und es fragt sich nur noch, was wir wollen; am Ende unseres Fortschrittes stehen wir da, wo Adam und Eva gestanden haben; es bleibt uns nur noch die sittliche Frage. Vielleicht dürfte man nicht von Freude reden; es tönt nach Zuversicht oder Hohn, und eigentlich ist es keines von beidem, was man beim Anblick dieser Bilder erlebt; es ist das erfrischende Wachsein eines Wandrers, der sich plötzlich an einer klaren und deutlichen Wegkreuzung sieht, das Bewußtsein, daß wir uns entscheiden müssen, das Gefühl, daß wir noch einmal die Wahl haben und vielleicht zum letztenmal; ein Gefühl von Würde; es liegt an uns, ob es eine Menschheit gibt oder nicht.

(aus: Max Frisch: Tagebuch 1946–1949. Frankfurt a. M. 1950, S. 66 f.)

Material 6

J. ROBERT OPPENHEIMER: Protest

[…] »Das ganze verdammte Ding war eine Farce«, wetterte Oppenheimer in einem Interview mit der »Washington Post«. Und diese Leute (Kipphardt und die Produzenten) versuchen eine Tragödie draus zu machen, beschwerte sich der Wissenschaftler. »Wenn man ein Schauspiel nach einem Protokoll schreibt, muß man unweigerlich einiges ändern. Ich habe Einspruch gegen Improvisationen erhoben, die der Geschichte und der Natur der betroffenen Leute widersprechen.«

Oppenheimer führte folgende Beispiele an: »Erstens ist die Behauptung im Text falsch, daß Nils Bohr die Arbeit in Los Alamos mißbilligte, weil er sich über die Beherrschung der Wissenschaft durch das Militär Sorgen machte. Zweitens stimmt es nicht – was Kipphardt in einer Fußnote auf dem Programm behauptet –, daß mir nicht die Gelegenheit zu einer Stellungnahme gegeben worden sei. Mir wurde diese Gelegenheit gegeben.«

»Ich sagte auch nie, ich hätte meine Beteiligung am Bau der Atombombe […] bedauert«, erklärte J. Robert Oppenheimer weiter.

Über seine Kontroverse mit Kipphardt berichtete er außerdem: »Ich sagte, daß vielleicht er [Kipphardt] und nicht ich Guernica, Coventry, Hamburg, Dresden, Dachau, Warschau und Tokio vergessen habe. Und wenn es ihm so schwerfalle, dies zu verstehen, dann sollte er doch ein Schauspiel über etwas anderes schreiben.«

(aus: *Die Welt*, 10. 11. 1964)

Heinar Kipphardt: Entgegnung

Ich kann das Unbehagen, in das eine historische Persönlichkeit gerät, wenn sie sich auf dem Theater dargestellt sieht, sehr wohl nachfühlen. Es ist für den historisch Beteiligten besonders schwer, aus dem Gestrüpp der tausend miteinander verfilzten Details der Wirklichkeit die objektive Distanz zu gewinnen, die gebraucht wird, um den innersten Kern und Sinn einer historischen Begebenheit von den umherspielenden Zufälligkeiten zu befreien, um sie der Zeitgenossenschaft als ein bedeutendes Exempel darzustellen. Indem der Bühnenschriftsteller den Boden der Zeitgeschichte betritt, ist sein Geschäft diese Umwandlung, auch wenn er sich, wie ich, an alle wesentlichen historischen Tatsachen gebunden sieht. Wenn wir ihm dieses Recht bestreiten würden, dann würden wir der Bühne das Recht auf die Behandlung der Zeitgeschichte bestreiten.

Es ist natürlich die Pflicht des Bühnenschriftstellers, das Verhältnis des Stücks zu den Dokumenten genau zu beschreiben, damit niemand irregeführt wird und jedermann die Möglichkeit erhält, an Hand der historischen Dokumente zu überprüfen, ob der Schriftsteller mit seiner Arbeit die historische Wirklichkeit getroffen hat und ob er die für seine Zeitgenossenschaft wesentlichen Bedeutungen des historischen Falls zur Darstellung bringt oder nicht. Ich habe mir bei meiner Arbeit Beschränkung auferlegt, alle im Stück erscheinenden Tatsachen der historischen Wirklichkeit zu entnehmen. Meine Freiheiten liegen in der Auswahl, in der Anordnung, in der Formulierung und in der Konzentration des Stoffes. Um die Form eines sowohl strengeren als auch umfassenderen Zeitdokuments zu erreichen, das mir für die Bühne wünschenswert schien, waren einige Ergänzungen und Vertiefungen erforderlich.

Ich verfuhr dabei nach dem Prinzip sowenig wie möglich und soviel wie notwendig. Wenn die Wahrheit von einer Wirkung bedroht schien, opferte ich eher die Wirkung. Ich stützte mich bei meiner Arbeit nicht nur auf das 3000 Maschinenseiten lange Protokoll des historischen Hearings, sondern auch auf eine Fülle von anderen Dokumenten und Beschreibungen zur Sache. Die für die Bühne unvermeidlichen Abweichungen in einzelnen Details beschrieb ich nach meinem besten Wissen. Es tut mir leid, daß Dr. Oppenheimer diese Beschreibung nicht in allen Punkten befriedigend fand, und ich machte ihm in meinem Antwortbrief Vorschläge, diesen Mangel zu mindern. [...]

Es gibt im Stück keine Stelle, die behauptet, daß Dr. Oppenheimer seine Beteiligung am Bau der Atombombe bedauert habe. Es wird nicht bestritten, daß Los Alamos eine historisch bedeutsame Unternehmung war, um die Atombombe zu entwickeln, ehe sie von Hitler entwickelt wurde. Die Physiker waren moralisch für dieses Unternehmen legitimiert, das den Zweck hatte, unsere Zivilisation vor dem Versinken in der drohenden Nazi-Barbarei zu bewahren und den von Hitler begonnenen Krieg sobald wie möglich zu beenden.

Es ist eine andere Frage, ob der tatsächliche Abwurf der Atombombe auf Hiroshima und Nagasaki für die Beendigung des Krieges notwendig war, ob nicht vielleicht auch eine internationale Demonstration der Waffe genügt hätte, wie eine Anzahl von Wissenschaftlern glaubte. Der Gebrauch der Atomwaffen in Hiroshima und Nagasaki konfrontierte die Wissenschaftler mit den Folgen ihrer Arbeit, und sie konnten an diesen Waffen fernerhin nicht arbeiten, ohne zu bedenken, daß sie gegebenenfalls auch verwendet würden.

Nun ist die Kernenergie nicht die Atombombe, und die großen Entdeckungen in

Los Alamos und in anderen Waffen-Laboratorien leiteten mit der Kernenergie und der Kybernetik gleichzeitig ein neues industrielles Zeitalter ein. Die Fragen, die ich im Stück behandele, sind, wie der menschenfeindliche Aspekt der neuen Entdeckungen von uns abgewendet werden könne, und wie der menschenfreundliche Aspekt der Entdeckungen zu fördern wäre.

(aus: *Die Welt*, 11.11.1964)

Material 8 J. ROBERT OPPENHEIMER: Brief an Heinar Kipphardt

THE INSTITUTE FOR ADVANCED STUDY
PRINCETON, NEW JERSEY

OFFICE OF THE DIRECTOR 16 December 1965

Dear Dr. Kipphardt:

With the passage of time, and after some discussion with friends who have become experts on the various versions of the "Case", I have come to feel that I was unduly harsh and unkind in what I wrote you more than a year ago. It is obvious that I would have preferred not to have a play at all; and the reasons for some of my objections, particularly the bit about Bohr, which you took out, and the artifact of my last speech, still seem rather sound to me; but I am quite clear that in these and other matters you meant me no harm. I wish I had not become involved in the thing at all. How I did, I need not now tell you; but above all I wish that I had written with greater restraint and kindness.

With good wishes,

Robert Oppenheimer

Sehr geehrter Herr Dr. Kipphardt.
Im Laufe der Zeit und nachdem ich mich mit einigen Freunden, die mit den verschiedenen Versionen des »Falles« vertraut sind, beraten habe, habe ich heute das Gefühl, daß ich unangemessen schroff und unfreundlich gewesen bin, als ich Ihnen vor einem Jahr geschrieben habe. Zweifellos wäre es mir lieber, wenn es überhaupt kein Stück gäbe. Die Gründe meiner Vorbehalte erscheinen mir immer noch zutreffend, etwa die Stelle über Bohr, die Sie herausgenommen, und das Schlußwort, das Sie mir in den Mund gelegt haben. Doch bin ich sicher, daß Sie mich mit diesem und auch mit anderen Stellen nicht persönlich verletzen wollten.
Mein Wunsch wäre, niemals mit der Sache befaßt gewesen zu sein. Wie ich es war, brauch ich Ihnen nicht zu schildern. Aber vor allem wäre es mir lieber, ich hätte (Ihnen) mit größerer Zurückhaltung und Freundlichkeit geschrieben.
Mit guten Wünschen, Robert Oppenheimer

(aus: *Praxis Deutsch* 39 [1980], S. 57)

Anhang

Anmerkungen

[1] Heinar Kipphardt: In der Sache J. Robert Oppenheimer. Frankfurt a. M. 1964 (edition suhrkamp 64), S. 149
[2] ebd., S. 149 f.
[3] Vorwort zu Rolf Hochhuth: Der Stellvertreter. Reinbek 1976, S. 8 f.
[4] ebd., S. 9
[5] ebd.
[6] Max Frisch: Öffentlichkeit als Partner. Frankfurt a. M. 1967, S. 95
[7] Theodor W. Adorno: Ästhetische Theorie. Frankfurt a. M. ^{3}1977, S. 97
[8] vgl. dazu u. a. Ferdinand Fasse: Geschichte als Problem von Literatur. Das ›Geschichtsdrama‹ bei Howard Brenton und Rolf Hochhuth. Frankfurt a. M., Bern, New York 1983, S. 40 ff.
[9] Ein Beispiel, das im Zusammenhang mit dem Thema von Kipphardts OPPENHEIMER zu nennen wäre, ist der Roman DIE TAGE VOR LOS ALAMOS von Joseph Kanon (Gütersloh 1997).
[10] Peter Brook: The Empty Space. London 1971, S. 86
[11] Helmut Arntzen: Information oder Literatur. In: H. Arntzen/B. Balzer/K. Pestalozzi/R. Wagner (Hrsg.): Literaturwissenschaft und Geschichtsphilosophie. Festschrift für Wilhelm Emrich. Berlin 1975, S. 131
[12] Bernd W. Seiler: Exaktheit als ästhetische Kategorie. Zur Rezeption des historischen Dramas der Gegenwart. In: *Poetica* 5 (1972), S. 388–433
[13] Theodor W. Adorno: Kulturkritik und Gesellschaft. In: Th. W. Adorno: Prismen: Kulturkritik und Gesellschaft. Berlin, Frankfurt a. M. 1955, S. 31
[14] Klaus Harro Hilzinger: Die Dramaturgie des dokumentarischen Theaters. Tübingen 1976, S. 4
[15] a.a.O., S. 8
[16] Die Hochhuth-Welle: Dramaturgische Berichte über den STELLVERTRETER von sieben Theatern. In: *Theater heute* 5 (1964), S. 30 ff.
[17] Katrin Pallowski: Die dokumentarische Mode. In: Horst A. Glaser u. a.: Literaturwissenschaft und Sozialwissenschaften. Bd. 1: Grundlagen und Modellanalysen. Stuttgart 1972
[18] Peter Weiss: Notizen zum dokumentarischen Theater. In: P. Weiss: Rapporte. Bd. 2. Frankfurt a. M. 1971, S. 91–104
[19] Bernd W. Seiler, a.a.O., S. 394
[20] Heinar Kipphardt: In der Sache J. Robert Oppenheimer. Frankfurt a. M. 1964, S. 149
[21] Aristoteles: Poetik. Übersetzt und eingeleitet von Olof Gigon. Stuttgart 1961, S. 36
[22] Walter Jens: Literatur: Möglichkeiten und Grenzen. In: W. Jens: Republikanische Reden. München 1976, S. 68
[23] ebd., S. 64
[24] Hans Magnus Enzensberger: Über die Geschichte als kollektive Fiktion. In: H. M. Enzensberger: Der kurze Sommer der Anarchie. Buenaventura Durrutis Leben und Tod. Frankfurt a. M. 1962, S. 13
[25] Laura Fermi: Atoms in the Family. Chicago 1954; zit. nach Arthur Holly Compton: Die Atombombe und ich. Frankfurt a. M. 1958
[26] zit. nach *Stern* vom 5. 9. 1985, S. 58
[27] vgl. Hamlet, I,5: Hamlet: […] **Die Zeit ist aus den Fugen: Schmach und Gram,/Daß ich zur Welt, sie einzurichten, kam!** (zit. nach der Schlegel-Übersetzung: Reclam UB. Stuttgart 1974, S. 30)
[28] Interessant ist hier die motivische Verwandtschaft zu einem Vers aus der Apokalypse des Johannes (vgl. Offb. 4,5). Im Übrigen werden verschiedentlich apokalyptische Visionen im Stück eingebracht (vgl. u. a. 89 f.).
[29] Ähnlich euphemistische Bezeichnungen, die in der Entwicklungs- und Versuchsphase jeweils angewandt wurden, sind etwa ›Manhattan Project‹ für das Atomprogramm insgesamt. Für das deutsche Kernforschungslabor stand ›Virushaus‹. Die für Hiroshima bestimmte Uranbombe hieß ›Little Boy‹, die auf Nagasaki abgeworfene hatte den Namen ›Fat Man‹. Die erste serienmäßig produzierte Atombombe trug den Namen ›Mark 6‹.
[30] Der Originalwortlaut des Sonetts ist:
**Batter my heart, three-personed God, for you
As yet but knock, breathe, shine, and seek
to mend;
That I may rise and stand, o'erthrow me
and bend
Your force to break, blow, burn and make me
new.
I, like an usurped town to another due,
Labour to admit you, but O, to no end.
Reason, your viceroy in me, me should
defend,
But is captived and proves weak or untrue.
Yet dearly I love you and would be loved fain,
But am betrothed unto your enemy.**

Divorce me, untie, or break that knot again,
Take me to you, imprison me, for I,
Except you enthrall me, never shall be free,
Nor ever chaste except you ravish me.

(zit. nach: The New Oxford Book of English Verse. 1250–1950. Hrsg. von Helen Gardner. Oxford 1975, S. 202)

In der deutschen Übersetzung lauten die ersten Zeilen:

Zerbrich doch mein Herz, dreifaltiger Gott; denn noch schlägt's, atmet's, scheint's, und Du willst heilen; Auf dass ich wache, wirke, wirf mich nieder, nimm Deine Kraft, mich zu zerstören; stürze, brenne, Herr, und mach mich neu.

Literaturverzeichnis

Textausgabe

Kipphardt, Heinar: In der Sache J. Robert Oppenheimer. Frankfurt a. M. 1964 (edition suhrkamp 64)

Tonaufnahme

Kipphardt, Heinar: In der Sache J. Robert Oppenheimer. 2 Kompaktkassetten (Spieldauer 183 Minuten). Stuttgart 1988 (Cotta's Hörbühne, Hörspiele)

Zitierte Literatur

Adorno, Theodor W.: Ästhetische Theorie, Frankfurt a. M. ^{3}1977
—: Prismen: Kulturkritik und Gesellschaft. Berlin, Frankfurt a. M. 1955
Aristoteles: Poetik. Übersetzt und eingeleitet von Olof Gigon. Stuttgart 1961
Arntzen, Helmut: Information oder Literatur. In: Helmut Arntzen/Bernd Balzer/Karl Pestalozzi/Rainer Wagner (Hrsg.): Literaturwissenschaft und Geschichtsphilosophie. Festschrift für Wilhelm Emrich. Berlin 1975, S. 120–133
Brook, Peter: The Empty Space. London 1971
Compton, Arthur Holly: Die Atombombe und ich. Ein persönlicher Erlebnisbericht. Frankfurt a. M. 1958
Enzensberger, Hans Magnus: Über die Geschichte als kollektive Fiktion. In: Ders.: Der kurze Sommer der Anarchie. Buenaventura Durrutis Leben und Tod. Frankfurt a. M. 1962
Fasse, Ferdinand: Geschichte als Problem von Literatur. Das ›Geschichtsdrama‹ bei Howard Brenton und Rolf Hochhuth. Frankfurt a. M., Bern, New York 1983
Frisch, Max: Öffentlichkeit als Partner. Frankfurt a. M. 1967
Hilzinger, Klaus Harro: Die Dramaturgie des dokumentarischen Theaters. Tübingen 1976
Die Hochhuth-Welle: Dramaturgische Berichte über den STELLVERTRETER von sieben Theatern. *Theater heute* 5 (1964), S. 30 ff.
Jens, Walter: Literatur: Möglichkeiten und Grenzen. In: Ders.: Republikanische Reden. München 1976, S. 59–75
Pallowski, Katrin: Die dokumentarische Mode. In: H. A. Glaser u. a.: Literaturwissenschaft und Sozialwissenschaft 1: Grundlagen und Modellanalysen. Stuttgart 1972, S. 235–314
Seiler, Bernd W.: Exaktheit als ästhetische Kategorie: Zur Rezeption des historischen Dramas der Gegenwart. *Poetica* 5 (1972), S. 388–433
Weiss, Peter: Notizen zum dokumentarischen Theater. In: Ders.: Rapporte 2. Frankfurt a. M. 1971, S. 91–104

Literatur zu Heinar Kipphardt

Hanuschek, Sven: Heinar Kipphardts Bibliothek: ein Verzeichnis. Bielefeld 1997

–: Heinar Kipphardt: Köpfe des 20. Jahrhunderts. Berlin 1996

–: »Ich nenne das Wahrheitsfindung«. Heinar Kipphardts Dramen und ein Konzept des Dokumentartheaters als Historiographie. Bielefeld 1993

Henrichs, Benjamin: Lehrer ohne Lehre. *Die Zeit* v. 26. 11. 1982

Iden, Peter: Einer, der sich nicht gewöhnen wollte. *Frankfurter Rundschau* v. 20. 11. 1982

Jenny, Urs: Heinar Kipphardt oder: Die Psychologie des faschistischen Menschen. *Theater heute*, Jahressonderheft 1972, S. 75 f.

Naumann, Uwe/Töteberg, Michael (Bearbeiter): In der Sache Heinar Kipphardt. Marbach am Neckar 1992 (*Marbacher Magazin* 60)

Rischbieter, Henning: Dies muß veröffentlicht werden. *Theater heute* 1 (1983), S. 1

Rühle, Günther: Der Frager. *Frankfurter Allgemeine Zeitung* v. 19. 11. 1982

Literatur zum Stück

Bartelheim, Lotte/Nutz, Maximilian: Materialien: Heinar Kipphardt IN DER SACHE J. ROBERT OPPENHEIMER. Stuttgart 1984 (Edition für den Literaturunterricht)

Charbon, Remy: Die Naturwissenschaften im modernen deutschen Drama. Zürich, München 1974

Elliott, J./Little, B./Poore, C.: Naturwissenschaftlerdramen und Kalter Krieg. In: Reinhold Grimm/Jost Hermand (Hrsg.): Geschichte im Gegenwartsdrama. Stuttgart 1976, S. 54–65

Grube, Hansheiner: Heinar Kipphardt IN DER SACHE J. ROBERT OPPENHEIMER. München 1995 (Mentor Lektüre-Durchblick 308)

Hildebrandt, Dieter: Die Bombe und die Skrupel. *Frankfurter Allgemeine Zeitung* v. 13. 10. 1964

Ingen, Ferdinand van: Heinar Kipphardt: In der Sache J. Robert Oppenheimer. Grundlagen und Gedanken zum Verständnis des Dramas. Frankfurt a. M. [5]1990

Jenny, Urs: In der Sache Oppenheimer. Uraufführung von Heinar Kipphardts Stück in Berlin und München. *Theater heute* 11 (1964), S. 22–25

–: Verurteilung oder Heroisierung. *Süddeutsche Zeitung* v. 13. 10. 1964

Kipphardt, Heinar: In der Sache J. Robert Oppenheimer: Ein Stück und seine Geschichte. Reinbek 1987

Knust, Herbert: From Faust to Oppenheimer: The Scientist's Pact with the Devil. *Journal for European Studies* 13 (1983), S. 122–141

Kügler, Hans: Dichtung und Naturwissenschaft: Einige Reflexionen zum Rollenspiel des Naturwissenschaftlers in: Brecht: Leben des Galilei; Dürrenmatt: Die Physiker; Kipphardt: In der Sache J. Robert Oppenheimer. In: Ders.: Weg und Weglosigkeit. Heidenheim 1970, S. 209–235

Luft, Friedrich: Wahrheit ist nicht konkret. *Die Welt* v. 13. 10. 1964

Maßberg, Uwe: Der gespaltene Mensch. Vergleichende Interpretationen der Physiker-Dramen von Brecht, Dürrenmatt, Zuckmayer und Kipphardt auf der Oberstufe. *DU* 17 (1965), S. 56–74

Neis, Edgar: Erläuterungen zu Heinar Kipphardt IN DER SACHE J. ROBERT OPPENHEIMER. Hollfeld [6]1993 (*Königs Erläuterungen* 160/61)

Reich-Ranicki, Marcel: In der Sache Oppenheimer und Kipphardt. In: Ders.: Wer schreibt, provoziert. Kommentare und Pamphlete. München 1966

Rischbieter, Henning: Heinar Kipphardt: In der Sache Oppenheimer. *Theater heute* 3 (1964), S. 55

Sander, Volkmar: Die Faszination des Bösen. Zur Wandlung des Menschenbildes in der modernen Literatur. Göttingen 1968, S. 39–65

Schloz, Günther: Heinar Kipphardt, In der Sache J. Robert Oppenheimer. *Theater heute* 5 (1982), S. 58

Seiler, Manfred: Friedensfreude – bombensicher. *Theater heute* 5 (1982), S. 68 ff.

Taeni, Rainer: Heinar Kipphardt. In der Sache J. Robert Oppenheimer. In: Manfred Brauneck: Das deutsche Drama vom Expressionismus bis zur Gegenwart. Bamberg 1972, S. 268 ff.

Thomsen, Christian W.: Die Verantwortung des Naturwissenschaftlers in Mary Shelleys *Frankenstein* und Heinar Kipphardts *In der Sache J. Robert Oppenheimer. Literatur in Wissenschaft und Unterricht* 4 (1971), S. 16–26

Weimer, K. S.: The Scientist and Society: A Study of Three Modern Plays. *Modern Language Quarterly* 27 (1966), S. 431–448

Wekwerth, Manfred: In der Sache J. Robert Oppenheimer von Heinar Kipphardt. In: Ders.: Notate. Über die Arbeit des Berliner Ensembles 1956–1966. Frankfurt a. M. 1967, S. 144–167

Wiegenstein, Roland H.: Oppenheimer redivivus. *Frankfurter Rundschau* v. 5. 11. 1981

Zimmer, Dieter E.: Der Vater der Atombombe und das Theater. *Die Zeit* v. 1. 1. 1965

Literatur zur Atomproblematik

Albrecht, Helmut F./Kiedrowski, Rainer: Kernenergie in Deutschland: Ein Bildatlas (mit Adressen von Informationszentren). Berlin ⁸1998

Anders, Günther: Hiroshima ist überall: Tagebuch aus Hiroshima und Nagasaki. Der Briefwechsel mit dem Hiroshima-Piloten Claude Eatherly. Rede über die drei Weltkriege. München 1995

Atomkriegsfolgen: Der Bericht des Office of Technology Assessment. Mit einem Vorwort von D. S. Lutz. Frankfurt a. M. 1984

Bald, Detlef: Hiroshima, 6. August 1945: Die nukleare Bedrohung. München 1999 (zur ARD-Serie »20 Tage im 20. Jahrhundert«)

Bohr, Niels: Atomphysik und menschliche Erkenntnis. Aufsätze und Vorträge aus den Jahren 1930–1961. Braunschweig 1985

Borsch, Peter: Kerntechnik und Gesundheit: Eine Analyse vorgebrachter Behauptungen zur Wirkung ionisierender Strahlung aus kerntechnischen Anlagen auf Beschäftigte und Anwohner. Düsseldorf 1988

Brüggemeier, Franz-Josef: Tschernobyl, 26. April 1986: Die ökologische Herausforderung. München 1988 (zur ARD-Serie »20 Tage im 20. Jahrhundert«)

Buiren, Shirley van: Die Kernenergie-Kontroverse im Spiegel der Tageszeitungen. Empirische Untersuchung im Auftrag des Bundesministers des Inneren. München 1980

Chivian, Eric, u. a. (Hrsg.): Letzte Hilfe: Die medizinischen Auswirkungen eines Atomkrieges. International

Physicians for the Prevention of Nuclear War. Neckarsulm 1985

Cube, Alexander von, u. a.: Das Ende des Nuklearzeitalters. Berlin 1987

Demmig, Frank/Harmsen, Dirk-Michael/Saur, Kurt Friedrich (Hrsg.): Kernexplosionen und ihre Wirkungen. Mit einer Einleitung von C. F. von Weizsäcker. Frankfurt a. M., Hamburg 1961

Haerle, Wilfried: Ausstieg aus der Kernenergie? Einstieg in die Verantwortung! Neukirchen-Vluyn 1986

Heisenberg, Werner: Der Teil und das Ganze. Gespräche im Umkreis der Atomphysik. München [12]1991

Hermann, Günter/Siegle, Rainer/Steinacher, Verena: Hiroshima, Tschernobyl und ... Wissenschaft in der Verantwortung. Stuttgart 1989

Hibakusha, wir haben überlebt: Augenzeugen aus Hiroshima und Nagasaki berichten. München u. a. 1986

Jaspers, Karl: Die Atombombe und die Zukunft des Menschen. München [7]1983

Jungk, Robert: Heller als tausend Sonnen: Das Schicksal der Atomforscher. Stuttgart 1956

Kidron, Michael/Smith, Dan: Die Aufrüstung der Welt: Ein politischer Atlas. Kriege und Waffen seit 1945. Reinbek 1983

Koegel-Dorfs, Helmuth (Hrsg.): Ausstieg aus der Kernenergie: Hindernisse, Bedingungen, Konsequenzen. Eine Handreichung für den verantwortlichen Umgang mit Energie. Neukirchen-Vluyn 1990

Korff, Wilhelm: Kernenergie und Moraltheologie: der Beitrag der theologischen Ethik zur Frage allgemeiner Kriterien ethischer Entscheidungsprozesse. Frankfurt a. M. 1979

Rassow, Jürgen: Risiken der Kernenergie: Fakten und Zusammenhänge im Lichte des Tschernobyl-Unfalls. Weinheim u. a. 1988

Reid, Robert William: Wissenschaft und Gewissen. Forscher im Dienste der Rüstung. München 1972

Saxer, Ulrich: Massenmedien und Kernenergie: journalistische Berichterstattung über ein komplexes, zur Entscheidung anstehendes, polarisiertes Thema. Bern u. a. 1986

Schefold, Bertram: Szenarien zum Ausstieg aus der Kernenergie. Studie im Auftrag des Hessischen Ministers für Wirtschaft und Technik. Wiesbaden 1987

Teller, Edward/Brown, Allen: The Legacy of Hiroshima. London 1962. Deutsch: Das Vermächtnis von Hiroshima. Düsseldorf 1963

Vinke, Hermann (Hrsg.): Als die erste Atombombe fiel: Kinder aus Hiroshima berichten. Ravensburg 1998

Weizsäcker, Carl Friedrich von: Wege in der Gefahr. Eine Studie über Wirtschaft, Gesellschaft und Kriegsverhütung. München [6]1987

–: Die Verantwortung der Wissenschaft im Atomzeitalter. Göttingen [7]1986

Würzbach, Peter-Kurt: Die Atomschwelle heben. Moderne Friedenssicherung für übermorgen. Koblenz 1983

Literatur zu Oppenheimer

Chevalier, Haakon: Mein Fall J. Robert Oppenheimer. Die Geschichte einer Freundschaft. München 1965

Goodchild, Peter: J. Robert Oppenheimer. Eine Bildbiographie. Basel 1982

Hoffmann, Klaus: J. Robert Oppenheimer. Schöpfer der ersten Atombombe. Berlin 1995

Major, John: The Oppenheimer Hearing. London 1971

Metropolis, N./Rota, Gian C./Sharp, David (Hrsg.): Robert Oppenheimer. Uncommon Sense. Basel, Boston, Stuttgart 1984

Oppenheimer, J. Robert: Drei Krisen der Physiker. Olten, Freiburg i. Br. 1966

–: Atomkraft und menschliche Freiheit. Hamburg 1957

–: Wissenschaft und allgemeines Denken. Hamburg 1955

Stern, Philip M.: The Oppenheimer Case. New York 1969

Strathern, Paul: Oppenheimer und die Bombe. Frankfurt a. M. 1999

United States Atomic Energy Commission: In the Matter of J. Robert Oppenheimer. Texts of Principal Documents and Letters of Personnel Security Board. General Manager, Commissioners. Washington, D.C., May 27, 1954, through June 29, 1954, o. J.

Zeittafel zu Leben und Werk
(Werke in Auswahl)

1922 Geboren am 8. März als einziger Sohn des Zahnarztes Heinrich Kipphardt und seiner Ehefrau Elfriede, geb. Kaufmann, in Heidersdorf/Niederschlesien

1928–1932 Besuch der Volksschule in Gnadenfrei (Schlesien)

1933–1938 Inhaftierung des Vaters als politischer Gefangener im Konzentrationslager Buchenwald

1936 Umzug der Familie nach Duisburg

1937 Übersiedlung nach Krefeld

1940 Abitur in Krefeld, anschließend Arbeitsdienst in der Nähe von Karlsbad und in Günzburg/Donau

1941/1942 Medizinstudium mit Fachrichtung Psychiatrie in Bonn, Köln und Düsseldorf

1942 Einziehung zum Kriegsdienst an der Ostfront

1945–1947 Fortsetzung des Medizinstudiums in Düsseldorf

1947–1949 Assistenzarzt

1949 Umsiedlung in die DDR

1949/1950 Assistenzarzt an der Charité in Ost-Berlin

1950 Verleihung des Doktorgrades der Medizinischen Akademie Düsseldorf

1951 Erste Erzählungen

1950–1959 Chefdramaturg am Deutschen Theater in Ost-Berlin

1953 Nationalpreis der DDR

1958 Kündigung beim Deutschen Theater, »weil ich nach den Auseinandersetzungen um den Spielplan keine Bedingungen für meine Arbeit mehr sah«. (H. Kipphardt)

1959 Arbeitsaufenthalt am Düsseldorfer Schauspielhaus. Umzug der Familie in die Bundesrepublik, zunächst nach Düsseldorf (Dramaturg am dortigen Schauspielhaus)

1960 Übersiedlung nach München

1960–1969 Freier Schriftsteller

1964 Gerhart-Hauptmann-Preis, Fernsehpreis der Deutschen Akademie der Darstellenden Künste

1965 Adolf-Grimme-Preis

1970/1971 Chefdramaturg an den Münchner Kammerspielen

1972 Übersiedlung nach Angelsbruck bei München

1975 Film- und Fernsehpreis des Hartmannbundes

Seit 1977 Mitherausgeber der »Autoren Edition«. Mitglied des PEN-Zentrums der Bundesrepublik Deutschland

1982 gestorben am 18. November in München

Theaterstücke

1952 *ENTSCHEIDUNGEN*. Szenen. Uraufführung: Deutsches Theater Berlin, 1952

1953 *SHAKESPEARE DRINGEND GESUCHT*. Satirisches Lustspiel. Uraufführung: Deutsches Theater Berlin, 1953

1956 *DER AUFSTIEG DES ALOIS PIONTEK*. Tragikomische Farce. Uraufführung: Deutsches Theater Berlin, 1956. Regie: Heinar Kipphardt

1958 *DIE STÜHLE DES HERRN SZMIL*. Lustspiel. Uraufführung: Städtische Bühnen Wuppertal, 1961

1962 *DER HUND DES GENERALS*. Uraufführung: Münchner Kammerspiele, 1962
1964 *IN DER SACHE J. ROBERT OPPENHEIMER*. Entstanden 1962–1964. Uraufführungen: Münchner Kammerspiele und Freie Volksbühne Berlin, 11. Oktober
1965 *JOEL BRAND. DIE GESCHICHTE EINES GESCHÄFTS*. Uraufführung: Münchner Kammerspiele, 1965
1967 *DIE NACHT, IN DER DER CHEF GESCHLACHTET WURDE*. Uraufführung: Staatstheater Stuttgart, 1967
1968 *DIE SOLDATEN* (nach J. M. R. Lenz), Uraufführung: Düsseldorfer Schauspielhaus, 1968
1970 *SEDANFEIER. MONTAGE AUS MATERIALIEN DES 70ER KRIEGES*. Uraufführung: Münchner Kammerspiele, 1970
1980 *MÄRZ, EIN KÜNSTLERLEBEN*. Uraufführung: Düsseldorfer Schauspielhaus, 1980
1983 *BRUDER EICHMANN*. Uraufführung: Residenztheater München, 1983

Fernsehfilme

1963 *BARTLEBY* (nach H. Melville), ZDF
1964 *IN DER SACHE J. ROBERT OPPENHEIMER*, ARD. Erstsendung 23. Januar
DER HUND DES GENERALS, ARD
DIE GESCHICHTE VON JOEL BRAND, ARD
1975 *LEBEN DES SCHIZOPHRENEN DICHTERS ALEXANDER MÄRZ*, ZDF
1977 *DIE SOLDATEN*, ZDF
1981 *IN DER SACHE J. ROBERT OPPENHEIMER* (Neufassung)

Prosa und Lyrik

1957 *DER HUND DES GENERALS*. Erzählung
1976 *MÄRZ*. Roman
1977 *ANGELSBRUCKER NOTIZEN*. Gedichte

Der »Schoebe«

Diese Grammatik stellt das Anschlusswerk an die bewährte *Schoebe Elementargrammatik* dar.
Sie ist also für Schülerinnen und Schüler ab der 8. Klasse geeignet.

Die **Schoebe Grammatik kompakt** vermittelt

- die richtige Anwendung grammatischer Kategorien, die für den Sprachgebrauch in der Praxis unerlässlich sind,
- Begriffsdefinitionen,
- ausführliche Erläuterungen und vielfältige Beispiele für die Anwendung im mündlichen und schriftlichen Sprachgebrauch,
- vergleichende Begriffstabellen für die Grammatik in den Fremdsprachen Englisch, Latein und Französisch.

Gerhard Schoebe

Schoebe
Grammatik kompakt

168 Seiten, 4-farbig, broschiert, Best.-Nr. 08208-6

Oldenbourg